通常学級で役立つ
算数障害の
理解と指導法

みんなをつまずかせない！
すぐに使える！アイディア48

熊谷恵子・山本ゆう 著

Gakken

目次

はじめに …………………………………………………………………………… 4

I 算数障害とは

算数障害かどうかチェックしよう！ ……………………………………… 6
　　算数障害のチェックリスト　就学直前時 ……………………………… 6
　　算数障害のチェックリスト　1年生〜 ………………………………… 7
　　数概念の基数性をチェック！ ………………………………………… 12
　　数概念の基数性をチェック［解答］ ………………………………… 14

「計算する・推論する」につまずきがある算数障害 …………………… 16
　　算数障害の4つの領域 ………………………………………………… 20
　　算数障害と心理検査 …………………………………………………… 22

II 算数障害の子どものタイプを知ろう

この章では算数障害の子どもたちが登場します ……………………… 24

計算する

数処理（数の変換）・数処理が苦手な Aくん …………………………… 26
　　解説：数処理について ………………………………………………… 28
　　指導：「すごろく」で数詞、数字、具体物を対応 …………………… 29
計算・小さい数の計算が苦手な Bさん（暗算が苦手） ………………… 30
　　解説：計算の前段階の指導 …………………………………………… 32
　　指導：具体物を見せてマッチングさせる …………………………… 33
　　解説：小さい数の計算と大きな数の計算 …………………………… 35
　　指導：20までの計算には半具体物を使う …………………………… 36
　　　　　九九は九九表の場所で覚える ………………………………… 37
計算・大きな数の計算が苦手な Cくん ………………………………… 38
　　解説：筆算の指導 ……………………………………………………… 40
　　指導：計算の手続き表を作ろう ……………………………………… 41
計算・大きな数の計算が苦手な Dくん ………………………………… 42
　　解説：数字の並びの位置関係と位取り ……………………………… 44
　　指導：マス目を用いる ………………………………………………… 45

推論する

数概念・序数性が理解できない Eさん …………………………………… 46
　　解説：序数性の理解 …………………………………………………… 48
　　指導：すごろくで数詞を言えるように！ …………………………… 49
数概念・基数性が理解できない Fさん …………………………………… 50
　　解説：基数性の理解 …………………………………………………… 52
　　指導：線分をわかりやすい分離量に置き換える …………………… 53
文章題・統合過程が苦手な Gくん ……………………………………… 54
　　解説：数的推論 ………………………………………………………… 56
　　指導：文章題を段階に分け、絵を描かせる ………………………… 57
文章題・プランニング過程が苦手な Hくん …………………………… 58
　　解説：プランニング過程と問題文の答えの位置 …………………… 60
　　指導：求める数を x と置く ………………………………………… 61

もっと知りたい！ 算数と算数障害のこと ……………………………… 62

Ⅲ 算数障害の学習指導法

Aくん
- 10までの数 ……………………………… 76
- 20までの数〜数の系列を学ぶ〜 ……… 78
- 30までの数〜数の構造を学ぶ〜 ……… 80
- 大きな数の読み書き〜量のイメージ〜… 82
- 大きな数の読み書き〜桁のシステム〜… 84
- 数の合成・分解 ………………………… 86

Bさん
- 5の補数・10の補数 …………………… 88
- 10の補数 ………………………………… 90
- 5を基数とした5以上の数 ……………… 92
- 順序数と集合数 ………………………… 94
- たし算のまとめ ………………………… 96
- ひき算のまとめ ………………………… 98
- 計算の練習 ……………………………… 100
- くり上がりのたし算 …………………… 102
- くり下がりのひき算 …………………… 104
- かけ算〜聞くことがとくいな子〜 …… 106
- かけ算〜見ることがとくいな子〜 …… 108

Cくん
- たし算・ひき算の筆算 ………………… 110
- かけ算の筆算〜見てわかる〜 ………… 112
- かけ算の筆算〜まとめて計算する〜 … 114
- わり算の筆算 …………………………… 116

Dくん
- たし算・ひき算の筆算 ………………… 118
- かけ算の筆算 …………………………… 120
- たし算の筆算 …………………………… 122
- わり算の筆算 …………………………… 124

Eさん
- 10までのたし算・ひき算 ……………… 126
- くり上がり・くり下がり
  〜5を単位とした操作〜 ……………… 128
- 分数の意味〜分離量から学ぶ〜 ……… 130
- 小数の意味〜連続量から学ぶ〜 ……… 132

Fさん
- 10までの数 ……………………………… 134
- 10までのたし算・ひき算 ……………… 136
- くり上がり・くり下がり
  〜10を単位とした操作〜 …………… 138
- 分数の意味〜連続量から学ぶ〜 ……… 140
- 小数の意味〜分離量から学ぶ〜 ……… 142

Gくん
- 文章題〜場面に合う絵を選ぶ〜 ……… 144
- 文章題〜場面に合う絵を描く〜 ……… 146

Hくん
- 文章題〜式を言葉にして考える〜 …… 148
- 文章題〜関係図を見て考える〜 ……… 150

＊空間概念の発達を探る方法 ……… 152

Ⅳ 測定・表とグラフ・図形の学習指導法

- 量と測定、図形の指導 ………………… 154
- 長さを測る・線を引く
  〜言語的な手がかり〜 ……………… 156
- 長さを測る・線を引く
  〜視覚的な手がかり〜 ……………… 158
- かさの測定〜部分から全体へ〜 ……… 160
- かさの測定〜全体から部分へ〜 ……… 162
- 表とグラフを読む ……………………… 164
- 表とグラフをかく ……………………… 166
- いろいろな形 …………………………… 168
- 三角形・四角形
  〜定義（きまり）から形を見る〜 …… 170
- 三角形・四角形
  〜形から定義（きまり）を見つける〜 … 172

おわりに ……………………………… 174

数処理が苦手 Aくん
序数性が理解できない Eさん
小さい数の計算が苦手 Bさん
基数性が理解できない Fさん
計算の手続きが苦手 Cくん
統合過程が苦手 Gくん
空間の認知が苦手 Dくん
プランニング過程が苦手 Hくん

はじめに

　算数・数学は、お金、時間や距離、早さなど、日常生活に身近でありながら、抽象性の高い学問です。発達や認知に何らかの問題がある子どもは、数の概念形成や数の操作、知識がうまく入らなくなります。特に、認知的なアンバランスがあることから、読み書きや算数の習得がうまくできない子どもたちは学習障害児と呼ばれています。

　私は、このようなアンバランスのある子どもたちの姿から、算数・数学というものを考えてきました。しかし、彼らの問題はほかの健常な子どもたちと異なる問題ではなく、子どもたちがもっている問題を極端に示していることが見えてきました。つまり、学習障害児のつまずきやすい算数概念や学習は、健常児もつまずきやすく、学習障害児にわかる指導は、健常児にとってもわかりやすいのです。

　本書では、学習障害のうち算数障害について知ってもらい、その指導ノウハウを通常学級で 10 分程度のちょっとした時間でできる、算数の授業の一部として取り入れやすい活動を具体的に紹介します。早期に子どもを落ちこぼれさせることなく、子どもたちみんなが「算数を好きになる」ような指導にお役立ていただきたいと思います。

2018 年 11 月

筑波大学人間系　熊谷恵子

I
算数障害とは

算数障害かどうか チェックしよう！

算数障害の領域となる数処理、数概念（特に基数性）、計算、文章題に関するチェックリスト（熊谷, 2000a より）を作成した。

算数障害のチェックリスト　就学直前時

領域				チェック欄
数処理	1. 数唱	お風呂に入るときなどに「30まで数えてごらん」と言う。		
		OKなら		
	2. 数詞→具体物（分離量）	12個のおはじき（碁石でもなんでもよい）を一直線に並べて「このおはじきを数えてごらん？」と言う。 ●●●●●●●●●●●●		
		12まで		
	3. 数詞→具体物	12個のおはじきをばらばらに置いて「私に○個ちょうだい」と言う。		
		4個	4まで	
		7個	7まで	
		12個	12まで	
	4.数字→数詞	数字カードを見せて「このカードを読んでごらん」と言う。		
		1	「いち」	
		3	「さん」	
		6	「ろく」	
		8	「はち」	
		10	「じゅう」	
		12	「じゅうに」	
	5.数詞→具体物（連続量）	以下に書いてあるような紙片を2枚ずつ提示して、「次の紙の長さを比べて、どちらがどちらの数か考えて答えてください」と言う。		
		「どちらがさん（3）でどちらがご（5）？」 長さ6cmの紙片 長さ10cmの紙片		
		「どちらがさん（3）でどちらがよん（4）？」 長さ9cmの紙片 長さ12cmの紙片		
		「どちらがに（2）でどちらがなな（7）？」 長さ4cmの紙片 長さ14cmの紙片		

すべて OK ならば、この時点では算数障害とは考えられない。

就学前、就学後の2種類があり、就学後のチェックは基本的には1年生の学年末に使用し、2年生以上の学年に応じたチェック（学習）項目もある。すべて正解できない場合には、要注意であると考えられる。

算数障害のチェックリスト　1年生〜

領域			チェック欄	備考
数処理	**1. 数唱**			
	「1から順番に120まで、声を出して数えてみてね」と教示し、どこまでかぞえられたかチェックする。			はじめに「1、2、3、どうぞ」と、調子をとって開始を促してもよい。
	1	20まで		
	2	100まで		
	3	120まで		
	2. 数詞→具体物			
	おはじき30個を山にして子どもの目の前に置き、指示した数のおはじきを取らせる。			目の前に山になっているおはじきを、どのように動かしているか（すべて1個ずつ数えるか、2や3や5個ずつ数えるか）、その方略も観察しておく。
	1	「じゅうに(12)個ちょうだい」		
	2	「にじっ(20)個ちょうだい」		
	3	「にじゅうなな(27)個ちょうだい」		
	3. 数字→数詞			
	数字カードを用意して、「この数字を読んでください」と言う。			48は「しじゅうはち」でも「よんじゅうはち」でもどちらでもよい。
	1	48		
	2	102		
	3	317		
	4. 数字→具体物（分離量）			
	10のかたまりブロックを12本と、バラのブロックを10個用意し、数字カードを見せて、「この数だけちょうだい」と言う。			数字カードを読んではいけない。ブロックは算数セットを利用してよい。10のまとまりはカードを使用してもよいが、子どもが10のかたまりであることを理解しているか確認する。
	1	16		
	2	101		
	3	115		

数処理	5. 数詞→数字	

1. 15 50 51 、2. 103 113 133 、3. 115 150 151 という数字カードを目の前に並べて「今から言う数字カードを取ってください」と言う。

		それぞれの課題ごとに3枚ずつカードを提示する。
1	「じゅうご」	
2	「ひゃくさん」	
3	「ひゃくじゅうご」	

6. 具体物（分離量）→数字

おはじき120個と14、41、13、30、31、101、104、105、110という数字カードを用意し、その中から次の数だけおはじきを山にして目の前に出し、「ここにあるおはじきの数を数えて、数字カードを選んで答えてください」と言う。

			問題2（数詞→具体物）のときと同じく、子どもがどのように数えているか、観察する。
1	おはじき14個の山	14	
2	おはじき30個の山	30	
3	おはじき104個の山	104	

7. 数詞→具体物（連続量）

以下に書いてあるような紙片を用意する。2枚ずつ提示して「次の紙の長さを比べて、どちらがどちらの数か考えて答えてください」と言う。

		紙片には何も書かない（目盛りや印をつけてはいけない。もちろん方眼紙で作ってはいけない。）
1	「どちらがじゅう(10)でどちらがろく(6)？」 長さ10cmの紙片 長さ6cmの紙片	
2	「どちらがじゅうし(14)でどちらがよんじゅう(40)?」 長さ7cmの紙片 長さ20cmの紙片	
3	「どちらがひゃくじゅう(110)でどちらがはちじゅういち(81)？」 長さ11cmの紙片 長さ8.1cmの紙片	

8. 数字→具体物（連続量）

以下に書いてあるような紙片と数字カードを用意する。2枚の紙片と2枚の数字カードを出して、「次の2つの紙の長さは、どちらがどちらの数か考えて数字カードを選んで答えてください」と言う。

		数字カードを提示するとき、数字を読んではいけない。
1	「どちらがこれ 4 でどちらがこれ 8 ？」 長さ4cmの紙片 長さ8cmの紙片	
2	「どちらがこれ 24 でどちらがこれ 8 ？」 長さ24cmの紙片 長さ8cmの紙片	
3	「どちらがこれ 150 でどちらがこれ 50 ？」 長さ15cmの紙片 長さ5cmの紙片	

数処理	**9. 数字→連続量（数直線）**	
	1　0 □　　□ 50 （数直線）	**2年生学年末以上の場合、**50を5000、38を3800、70を7000などのように大きな数に直して行う。
	2　30 □ 34 36 □ 40 （数直線）	
	3　0 □　　□ 50 70 （数直線）	

計算	**10-1. 暗算（たし算・ひき算）**	
	プリントに次の10問を書いて、答えてもらう。	やっている間に、時間がかかっている計算式があれば、どのくらいかかるか計測しておく。指を使っていないかどうか計算方略も観察する。
	1　$1+3=$	
	2　$6+1=$	
	3　$2+8=$	
	4　$7+6=$	
	5　$6+9=$	
	6　$4-1=$	
	7　$6-2=$	
	8　$9-7=$	
	9　$14-7=$	
	10　$15-8=$	

	10-2. 暗算（かけ算、わり算）	
	プリントに次の5問を書いて、答えてもらう。	**2年生学年末以上**やっている間に、時間がかかっている計算式があれば、どのくらいかかるか計測しておく。指を使っていないかどうか計算方略も観察する。
	1　$2×9=$	
	2　$3×2=$	
	3　$5×3=$	
	4　$6×6=$	
	5　$9×9=$	
	プリントに次の5問を書いて、答えてもらう。	**3年生学年末以上**
	6　$10÷2=$	
	7　$15÷5=$	
	8　$35÷7=$	
	9　$36÷6=$	
	10　$72÷8=$	

	11. 筆算	
	プリントに次の計算式を書いて、計算してもらう。$\begin{array}{r}29\\+14\end{array}$　$\begin{array}{r}43\\-15\end{array}$　$\begin{array}{r}69\\+54\end{array}$　$\begin{array}{r}429\\-54\end{array}$　$\begin{array}{r}493\\-64\end{array}$	**2年生学年末以上**くり上がり、くり下がりなどの手続きを見る。
	プリントに次の計算式を書いて、計算してもらう。$\begin{array}{r}16\\×3\end{array}$　$\begin{array}{r}39\\×2\end{array}$　$\begin{array}{r}23\\×4\end{array}$　$\begin{array}{r}18\\×5\end{array}$　$\begin{array}{r}78\\×6\end{array}$	**3年生学年末以上**くり上がりや答えの位置が正しいかを見る。
	プリントに次の計算式を書いて、計算してもらう。$6\,\overline{)486}$　$8\,\overline{)528}$　$13\,\overline{)117}$　$18\,\overline{)270}$	**4年生学年末以上**くり上がり、くり下がりが正しいかどうか見る。

文章題	12-1. 統合過程（たし算・ひき算）	
	付せん紙（7.5cm×7.5cm）を19枚用意して、「次の文章を読んで、①、②、③、④の絵を描きなさい」と言う。	適切な絵が描ければよい。具体的なものでも、線分図のようなものでもよい。なお、みかん、あり、バスのお客さん、ちょうちょう、折り紙などは、ほかのものに変えてもよい。数字を変える場合には、計算の和が20までになるような範囲の計算にする。
	1	①みかんが家に2個ありました。②お母さんが5個買ってきました。③みかんは家に何個あるでしょうか。	
	2	①ありが外を3匹歩いていました。②1匹は巣に帰ってしまいました。③巣からまた2匹出てきました。④外を歩いているありは何匹でしょうか。	
	3	①バスに大人のお客さんが4人乗っていました。そのあと、②2番目のバス停で子どものお客さんが2人乗ってきました。③5番目のバス停では大人のお客さんが6人乗ってきました。④さて、バスの中には何人の大人のお客さんがいるでしょう。	
	4	①ちょうちょうが8匹お花にとまっていました。②そのうち4匹のちょうちょうは飛んでいってしまいました。③はちが2匹お花にとんできました。④ちょうちょうは今何匹とまっているでしょうか。	
	5	①折り紙が12枚ありました。②4枚の折り紙で鶴をおりました。③そのあと、もう2枚の折り紙を使って亀をおりました。④使っていない残りの折り紙は何枚ありますか。	
	12-2. 統合過程（かけ算・わり算）	
	「次の文章を読んで、絵を描いてみましょう」と言う。	**3年生学年末以上** 適切な絵が描ければよい。具体的なものでも、線分図のようなものでもいい。
	1	①4人がけのベンチが5個ありました。②全部で何人座れますか。	
	2	①1箱に3つのドーナツが入っています。②この箱を3箱買いました。③全部でドーナツは何個買えましたか。	
	3	①プランターにお花を4株ずつ植えました。②6つのプランターに植えたお花は何株になりますか。	
	4	①チーズを24個買いたいと思っています。②チーズは1箱に6個ずつ入っています。何箱買えばよいでしょうか。	
	5	①50メートル走をするトラックがあります。②スタート地点からトラックのわきに10メートルずつゴールまで目印のハタを立てます。③スタート地点にもハタを立てます。④何本のハタが必要ですか。	

算数障害が疑われるのは？

　全体的な知的能力のレベルが、原則IQ90程度以上（WISCであれば、特にGAIを考える。KABC-Ⅱは認知総合尺度、DN-CASは全検査。なお偏りがあっても参考値として考える）であることを条件とし、その場合に、当該学年末にこれらのチェックリストで不正解があるならば、算数障害が疑われる。また、IQと同じ標準得点法で習得度の「計算する」「推論する」の得点が表されていれば、IQよりおよそ1.5SD（標準得点にして23点）を下回るところを算数障害の基準と考える。さらに、IQ70台、80台程度の知的障害との境界線の子どもは、算数障害とはいわないが、やはり算数の習得は遅れる。このような子どもたちは、特別なニーズの

文章題	13-1. プランニング過程（たし算・ひき算）		
	「次の文章を読んで、式をつくりましょう」と言う。付せん紙を用意して、「絵を描いてからでもいいです」と言ってもよい。		数字と適切な演算子を用いて答えを導き出すための立式ができるかどうかが重要である。絵や図に描いてもよいが、最終的には立式できるかどうかが判断のポイントである。
	1	さとみさんは、前から5番目にいます。さとみさんの後ろに7人並んでいます。みんなで何人いますか。	
	2	子どもが4人います。折り紙が7枚あります。折り紙を1枚ずつ配ったら何枚あまりますか。	
	3	お母さんは、みかんをスーパーマーケットで買ってきました。お父さんはみかんを2個食べました。残ったみかんは5個になりました。お母さんが買ってきたみかんは何個だったでしょう。	
	4	ひよこが2羽生まれました。ひよこは全部で9羽になりました。はじめに何羽いたでしょうか。	
	5	卵が冷蔵庫にいくつかありました。お母さん、お父さん、けいこさんが1つずつ食べました。残りの卵は7個になりました。はじめに卵は何個ありましたか。	
	13-2. プランニング過程（かけ算・わり算）		
	「次の文章を読んで、式をつくりましょう」と言う。付せん紙を用意して、「絵を描いてからでもいいです」と言ってもよい。		**3年生学年末以上** 数字と適切な演算子を用いて答えを導き出すための立式ができるどうかが重要である。
	1	家族4人にあめを5個ずつ配ります。あめは何個必要ですか。	
	2	2人がけのイスが8個あります。全部で何人の人が座れるでしょうか。	
	3	おせんべいが18枚ありました。1人3枚ずつ配ると、何人のお友だちに配れますか。	
	4	テーブルが4つあります。それぞれのテーブルにイスが4席ずつあります。14人の人が座ると、イスは何席あまりますか。	
	5	お花が何本かあります。4本ずつ植えられるプランターが5個あります。全部で何本のお花が植えられますか。	

ある子どもとして支援を行い、ゆっくりでもいいので、チェックリストの範囲は習得できるようにすることが必要である。なお、これらの知能検査の測定値は、ある程度の幅をもって解釈する必要があるので、あまり厳格に定義できるものでもない。

　KABC-Ⅱの習得検査の中の下位検査「計算」「数的推論」は、「計算する」「推論する」に相当する。それによって、IQなどと比較するのも1つである。文部省（1999）の学習障害の定義とその判断基準においては、「聞く」「話す」「読む」「書く」「計算する」「推論する」という点において、2学年以上下回ることとあるので、当然その観点からもみてほしい。

数概念の基数性をチェック！

1．あなたは何年生ですか。 _____ 年生

2．男ですか、女ですか。

　　　男 ・ 女　　いずれかに○をつけてください。

3．上の せんを 見ながら、せんを かいてみましょう。

(1)
1 ─────
3

(2)
5 ──────────────
4

(3)
4 ──────────────
6

(4)
5 ─────────────
6

(5)
7 ────────
4

(6)
10 ───────────
14

(7)
15 ──────────────
8

(8)
18 ─────────
25

(9)
20 ──────────────
10

(10)
70 ────────────
90

数量概念の理解を測定するプリント　熊谷（2007）

数概念の基数性が弱いのではないかと思ったら
このテストを試してみましょう。

4. となりの ○を みながら、かずの大きさくらいの ○を かいてみましょう。

(1) 1   3

(6) 10   14

(2) 5   4

(7) 15   8

(3) 4   6

(8) 18   25

(4) 5   6

(9) 20   10

(5) 7   4

(10) 70   90

数概念の基数性をチェック ［解答］

1．あなたは何年生ですか。　　　　　　年生

2．男ですか、女ですか。

　　　男 ・ 女　　いずれかに○をつけてください。

3．上の せんを 見ながら、せんを かいてみましょう。

(1)
1
3

(2)
5
4

(3)
4
6

(4)
5
6

(5)
7
4

(6)
10
14

(7)
15
8

(8)
18
25

(9)
20
10

(10)
70
90

数量概念の理解を測定するプリント：解答

4．となりの ○を みながら、かずの 大きさくらいの ○を かいてみましょう。

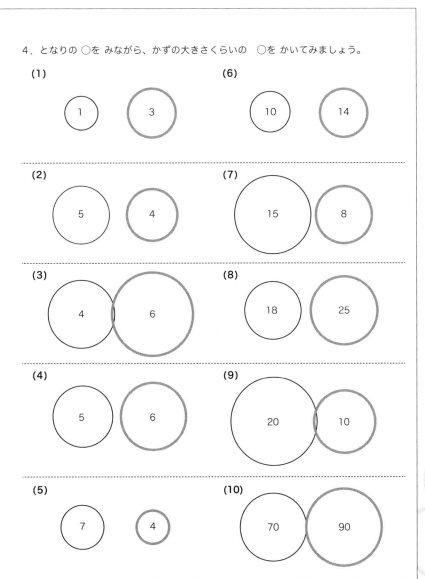

「計算する・推論する」に
つまずきがある**算数障害**

　　算数障害は、学習障害の「聞く」「話す」「読む」「書く」「計算する」「推論する」という領域の中で、「計算する」「推論する」に困難がある者に当たる。

表 1-1　算数障害の内容

分　類	A. 成人の失算および計算障害の神経心理学的研究	B. 学習障害の法的定義	歴史的経緯を踏まえた内容（A＋B）	DSM−5（2013）
①数処理	数処理（数字→数詞、数詞→数字）		数処理（具体物・数詞・数字の対応関係）	（明示されていない）
②数概念			数概念（序数性・基数性）	数感覚
③計算	計算（暗算：数的事実）（筆算：計算手続き）*	計算する（計算式の計算）	計算**（暗算）（筆算）	数的事実の記憶 正確で流ちょうな計算
④推論		推論する（文章題の解法）	数的推論（文章題解法）	正確な数的推論

*暗算：数的事実の記憶の問題につながる、筆算：計算手続きの遂行に関わる
**島田（1991）を参考。暗算は数的事実、筆算は計算手続きの問題
A 熊谷（1997）、B 熊谷（1999）、A+B 熊谷（2012）、DSM-5（APA, 2013）より抜粋

　　子どもの算数障害の研究は、**表 1-1B** のように学習障害という教育的な研究の流れとともに、**表 1-1A** のような成人の計算障害（dyscalculia）の神経心理学的な研究から子どもの発達性計算障害（Developmental Dyscalculia）につながった流れがある。

　　表 1-1 により、算数障害は、①数処理、②数概念、③計算、④数的推論（文章題）、という４つの領域に整理することができる。

Ⅰ 算数障害とは

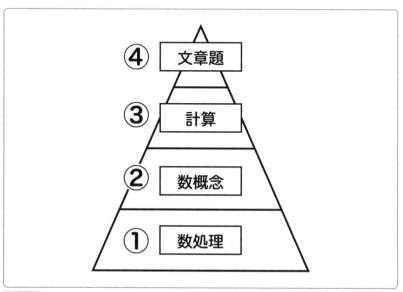

図1-1

　数には3つの側面がある。1つは「いち、に、さん・・・」という音としての数（数詞）、もう1つは、「1、2、3・・・」という文字としての数（数字）さらにもう1つは「●●●・・・」という数えられるものとしての数（具体物）である。

　算数・数学の領域では、図1-1のように、まず数詞・数字・具体物の対応関係（①数処理）が習得され、これらの対応関係が成立して、序数性と基数性という数概念（②）が習得される。そして、数というものの理解があってこそ、数と数との操作という計算（③）が習得される。そして、計算ができると、さまざまな数の変化や操作を推論すること（④文章題）ができるようになってくる。

先ほどの学習障害の「計算する」「推論する」と、図1-1の4つの領域との関連を示すと図1-2のようになる。

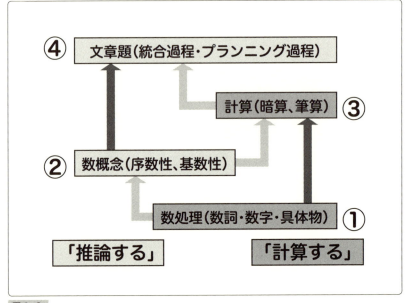

図1-2

　①の数処理は、③の計算の前段階であり、②の数概念は、④の具体的な世界の中で数を思考していくときに前提として必要なものである。
　通常は、図1-1のように、数処理、数概念、計算、文章題という習得順序になるが、数概念、特に基数性が理解できなくても、計算を手続きとして行えることもある。そのような状態を考えると、図1-2のように、「計算する」が「計算の前段階の数処理と計算式の計算」、「推論する」が「数概念の理解と推論」の2つに分けることが考えられる。

Ⅰ 算数障害とは

計算する ➡ ①数処理、③計算
推論する ➡ ②数概念、④数的推論（文章題）

なお、学習障害の提唱者カークの米国において次のようなアチーブメント検査がある。**表1-2**のような検査の内容からも、これらの領域が妥当であるとわかる。

表1-2 「計算する」「推論する」に当たる検査と下位検査

検査名	ウェクスラー	カウフマン	ウッドコックジョンソン
	WOND Whecsler Objective Numerical Dimensions	KTEA Kufman Test of Educational Achievement	WJ test Woodchock − Johnson Tests of Achievement
計算する	Numerical Operations	Math Computation	Calculation
推論する	Mathmatics Reasoning	Math Concepts & Applications	Quantitative Concepts

算数障害の４つの領域

1. 数処理

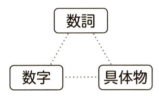

「数処理」は、数詞、数字、具体物の対応関係の問題である。数詞は聴覚的シンボルであり、数字は視覚的シンボルであり、具体物は視覚的で操作可能なものである。主に使う感覚様式が異なるために、能力のアンバランスがどのようにあるのか、これらの対応関係がどこまでどのように成立しているのかを精査する必要がある。この段階はほかのすべてのものに先だって形成されなければいけないものである。

2. 数概念

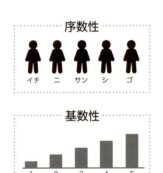

「数概念」は、数処理の段階とは異なり、単なる対応関係ではなく、数における性質を理解することである。数には序数性（順番を表す）と基数性（量を表す）という２つの側面があることを理解できる段階である。能力のアンバランスがある子どもは、いずれかがうまく習得されない場合がある。

数処理という数詞、数字、具体物の対応関係ができれば、「数概念」は、自ずと習得されるものでもない。また、ドットなどの「分離量」を計数できること（継次処理能力と関連）と量的な「連続量」を理解できること（同時処理能力と関連）とは異なる。

Ⅰ 算数障害とは

3. 計算

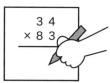

「計算」については、暗算と筆算に分けて考える。「暗算」とは、加減算で和が20までの計算、乗除算で九九までの範囲の計算、「筆算」とは、それ以上の数の計算となる。暗算ができるようになるためには、5や10の合成分解ができるようにならなければならない。そのときに、具体物から半具体物、半具体物から数（シンボル）という過程をたどって数というものを発達させているかどうかを考える必要がある。

筆算には、くり上がりくり下がりの手続きの問題（継次処理能力と関連）と多数桁の数字の空間的な配置とその意味が理解される（同時処理能力と関連）必要がある。

4．数的推論（文章題）

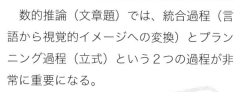

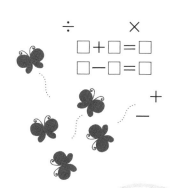

数的推論（文章題）では、統合過程（言語から視覚的イメージへの変換）とプランニング過程（立式）という2つの過程が非常に重要になる。

前提として、文章題を読めるかどうか、文章として理解できるかどうか（読み書き障害ではないことを）確認しなければならない。

算数障害と心理検査

　算数障害を把握するためには、WISC-Ⅳなどのウェクスラー系の知能検査だけではなく、ルリア理論に基づいたKABC-ⅡやDN－CASという検査で「算数の能力のアンバランスさ」を把握することが必要である。

　K-ABC検査（現在は、この第2版であるKABC-Ⅱを使用）では、知的な能力の中でルリア理論の符号化というブロック2の部分を、「継次処理能力」と「同時処理能力」の2つに分けている。

● 「継次処理能力」とは・・・
　 情報を1つずつ系列的かつ時間的に処理する能力
● 「同時処理能力」とは・・・
　 複数の情報を全体的かつ空間的に処理する能力

　表1-3にあるように、数処理や数概念の序数性・基数性の理解、計算における手続きと位取り、文章題の問題などは、継次処理能力や同時処理能力と対応させて考えることができる。

表1-3

	数処理	数概念	計算	文章題
継次処理能力	1～9までの正確な順序の言い方や表記	序数性…数は順位を表している	計算の正確な手続きの実施	主に「統合過程」
同時処理能力	10の次は11など正しい言い方や表記	基数性…数は、量を表している	数の空間的な配置と桁の意味理解	主に「プランニング過程」

II
算数障害の子どものタイプを知ろう

この章では算数障害の子どもたちが登場します

計算する

数処理（数の変換）

数詞（口頭言語数）
数字（アラビア数）
具体物（分離量・連続量）

数処理が苦手な
Aくん

子どもの様子 ▶ 26p
解説・指導 ▶ 28p

計算

数字の読み書きが前提
計算式の計算が
できるかどうか

小さい数の計算
（暗算・数的事実）

小さい数の
計算が苦手な
Bさん

子どもの様子 ▶ 30p
解説・指導 ▶ 32p

大きな数の計算
（筆算：手続き）

計算の手続きが
苦手な
Cくん

子どもの様子 ▶ 38p
解説・指導 ▶ 40p

空間の認知が
苦手な
Dくん

子どもの様子 ▶ 42p
解説・指導 ▶ 44p

Ⅱ 算数障害の子どものタイプを知ろう

推論する

- 数概念
  - 序数性
  - 基数性

序数性が
理解できない
Eさん
子どもの様子▶ 46p
解説・指導▶ 48p

基数性が
理解できない
Fさん
子どもの様子▶ 50p
解説・指導▶ 52p

- 文章題

**数概念が前提
文章題が解けるかどうか**

  - 統合過程
  - プランニング過程

統合過程が苦手な
Gくん
子どもの様子▶ 54p
解説・指導▶ 56p

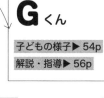

プランニング過程が苦手な
Hくん
子どもの様子▶ 58p
解説・指導▶ 60p

計算する

数処理（数の変換）

数処理が苦手なAくん

数処理が苦手
Aくん

小さい数の計算が苦手
Bさん

計算の手続きが苦手
Cくん

空間の認知が苦手
Dくん

例えば

101

1101

3と言いながら、
5本の指を出している。

ものをよく
数え間違えている。

「ひゃくいち」と
言われたものを、
1001と書く。

4501を読めない、
また
「よん・・ごじゅう
いち」などと読む。

Ⅱ 算数障害の子どものタイプを知ろう

数処理の困難

 数えることを失敗するAくん

「リンゴがいくつあるか数えて数字で書きましょう」という課題で、間違ってしまったAくん。もう一度考えるように指示して、様子を見ていると、「いち、に、さん……ご……なな」と言いながら、数え飛ばしたり、同じリンゴを2回数えたりして、正しく数えられていないことがわかりました。

Aくんはまず、数詞の系列を正しく唱えること（数唱）ができていません。また、唱えている数詞にリンゴのイラストを一対一対応させることもうまくできません。

このようにAくんは、数えるという行為に失敗していることにより、数字と数詞と具体物を対応させることもできず、【数処理】の段階でつまずきが起きてしまっています。

また、大きな数の【数処理】につまずく子がいます。「さんじゅういち」と聞いて「301」と書いてしまったり、桁の大きい数字を読めなかったり、漢数字で書けなかったりすることがあります。このような子どもは、数字の表記方法である十進位取りによる記数法が理解できていないことが考えられます。

▼Check▶ このような子どものつまずきの背景には、認知的な困難があると考えられます。まず、聴覚的な記憶力や継次処理能力に困難があるために、数詞の系列を正確に覚えることができていないことが考えられます。また、目と手の協応や視覚的な短期記憶力が弱いために、数えたリンゴがどれだったか覚えていられないのかもしれません。さらに、不注意の問題があることも考えられます。

計算する

数処理について

　数処理とは、数詞、数字、具体物の対応関係が習得されているかどうか、ということである。同じ3という値でも、その言い方「さん」、書き方「3」、それらが指す「具体的な物が3個」というマッチングができていなければ、そもそも数概念は成り立たない。

　図2-1で示すように、数詞というのは、聴覚的(聞くもの)・言語的（言葉）シンボルであり、数字というのは視覚的（見るもの）・言語的（言葉）シンボルであり、具体物は、空間に存在し操作可能なものである。

　数詞・数字・具体物の三者には、それぞれ主に関連する能力に特徴がある。その能力が十分に伴っていない場合には、例えば数字は書けるが読めないなどのようなことが起こる。

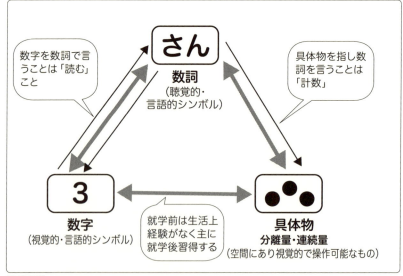

図2-1　数処理、数の三項関係（3を例として）

Ⅱ 算数障害の子どものタイプを知ろう

「すごろく」で数詞、数字、具体物を対応

　数詞、数字、具体物（あるいは数空間）との対応関係がなかなか成立しない場合には、「すごろく」による指導が考えられる。これは、サイコロの目（ドットや数字）を声に出して、1つひとつこまを動か（操作）していくことで、対応関係を結びつけやすい活動だからである。

　しかし、このときに、サイコロの目をどうするかに気を配る必要がある。例えば、2までしか理解できない子どもに対して6までの目があるサイコロの使用は難しい。その場合、その2まで、もしくは3までのドットや数字が書いてあるようなものを使用する 図2-2（76ページ参照）。

　また、その逆に、大きな数をサイコロの目にすることもできる。例えば、(2,4,6,8,10,12)や(10,15,20,25,30,35)など、子どもが習得しにくいところに焦点を当てるように工夫したい。

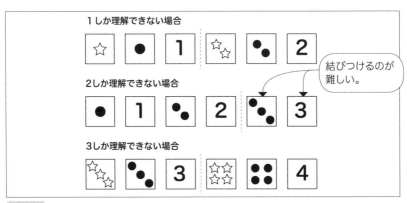

図2-2

➡ くわしくは64ページへ

計算する

計算

小さい数の計算が苦手な **B**さん
（暗算が苦手）

例えば

- いつまでも指を使って計算をしている
- 計算に時間がかかっている。
- １＋１や５＋１ができない。
- 2+3 はできているのに、3+2 は指を使っている。

計算することの困難 小さい数の計算

 ## 小さい数の計算

　４年生のＢさんが計算プリントを解いているときに、鉛筆を置き、机の下で何かして、また鉛筆を持って、ということを何度も繰り返しています。様子を見ていると、指を使ってたし算をしていることがわかりました。プリントはかけ算の筆算の問題でしたが、同じようにＢさんは、わり算の筆算の問題を解いているときにも、ひき算に指を使っていました。

　このように、筆算やかけ算やわり算の学習に進んでいても、１年生で学習した和が20以下のたし算やひき算につまずいている子どもがいます。Ｂさんは、１年生のころから指を使って計算をしていましたが、そのときは教師や親も「いつか指を使わないでできるようになるだろう」と思ってしまい、適切な支援が受けられないままになってきていました。また、指を使って計算していても、結果的には正解するので、プリントやテストなどでもその困難は気づかれなかったのです。

Check▶　このような子どもは、【計算する】ことの発達段階のうち、具体物に依存して数えたす・数えひくという方略の段階にあると考えられます。子どもは次第に計算の式と答えのパターンを数的事実として記憶し、式を見ると答えが記憶の中から素早く出てくるという自動化の段階に進みますが、その段階に移行する年齢は、個人差が大きく、Ｂさんのような子どもを１年生などの小さい学年のうちに見つけることは難しいのです。しかし、よく観察してみると、「１＋１」の小さい数の計算や「○＋１」のような簡単な計算にも指を使っているという特徴があります。

計算する

計算の前段階の指導

　子どもは、具体物を数というシンボルに結びつけるために、具体物から半具体物への変換、半具体物から数への変換を行う必要がある。すなわち、ゾウの5頭もアリの5匹も同じドットの5であるという変換をまず行う。

　10までの数というのは、とかく具体的な物に結びつきやすい。例えば、指で計算をするというと、それは1から10までを指に対応させて操作するという具合である。しかし、これでは、数という抽象的なシンボル操作にたどりつかない。計算を指導する前に、数を頭の中でイメージして操作できるように、半具体物の表象をつくっておかなければならない。

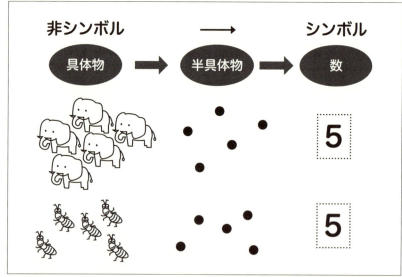

図2-3

Ⅱ 算数障害の子どものタイプを知ろう

具体物を見せてマッチングさせる

　数を具体物から半具体物へと、半具体物の表象をつくるには、大きく分けて2つのやり方がある。

　1つは、10という単位を強調して、ドットを横に10個並べる方法である。算数セットなどにあるような10のケースに四角の積み木を並べることと同じである（これも非常に大切な数の表象づくりである）。10をすべて羅列するということは、10進法の原理を見えやすくするということでもある。聴覚的な情報を手がかりにできるタイプの子どもにとっては、「イチ、ニ、サン……キュウ、ジュウ」とすべて異なる音で表される10までの数詞と10個を横並びに置ける教材をマッチングさせることで、数のイメージがつくりやすい。

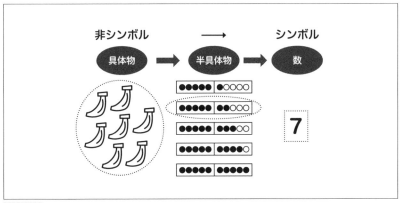

図2-4　半具体物の10までの数の表し方1

　図2-4のような黒丸と白丸のドットのシールを貼った横長のカードを用意する。黒丸は具体物の数、白丸は10の補数を表す。具体物を見せて、このカードとマッチングさせる。動かせるばらばらのドットや積み木と対応させるだけではな

計算する

く、10 の並びの中で対応させることが必要である。そして、このようなドットの並びのイメージをきちんと頭の中で再生できるようにすることが大切である。

半具体物の表象をつくるためのもう1つの方法は、図2-5 のように、10 までの数を5という、より小さな見えやすい単位に区切り2段に重ねることである。2段に表すのは、5という単位が目で認識しやすく、また、数詞という聴覚的な手がかりよりも、視覚優位または同時処理優位な子どもには有効であると考えられるからである。具体物の大きさが異なろうとも、カードと一対一対応で結びつけることができるようにさせたい。

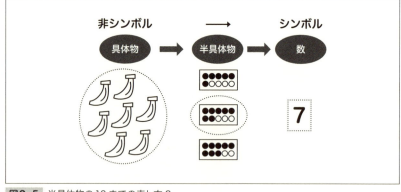

図2-5　半具体物の10までの表し方2

Ⅱ 算数障害の子どものタイプを知ろう

小さい数の計算と大きな数の計算

　計算の困難は、小さい数の計算（暗算）の問題と大きな数の計算（筆算）の問題に分けられる。小さい数の計算は、和が20までのたし算・ひき算、九九の範囲のかけ算・わり算を指す。一方、大きい数の計算は、それらの範囲を超える計算（筆算で答えを導き出す計算）を指す。

　マクロウスキーら（1991）は、前者には「数的事実」が関係し、後者には「計算手続き」が関係するとしている。

　「数的事実」とは、たし算、ひき算、かけ算、わり算における基本的な数の関係をいう。例えば、以下のような数の組み合わせである。

　　2＋3＝5、5－3＝2　ならば（2,3,5）
　　7＋8＝15、15－7＝8ならば（7,8,15）
　　2×7＝14、14÷7＝2ならば（2,7,14）

　これらは、日常生活や算数学習で使用しているに従い、（　）にあるような3つの数の組み合わせとして長期記憶化し、やがては考えなくても事実として想起することができるようになり、暗算ができるようになる。

　簡単な数の暗算では、このような数的事実が計算のときに正確に記憶され、保持され、引き出されなければならない。このような数的事実ができあがるまでの問題としては、暗算の問題がある子どもは、ブロックなどの具体物を操作して計算のしくみを理解するところでの問題、頭の中でイメージ操作するところでの問題（ワーキングメモリに関係）、シンボルの組み合わせ（数的事実）の記憶に関する問題などが考えられる。

➡ くわしくは67ページへ

計算する

20までの計算には半具体物を使う

　20までの計算には、計算以前の段階で述べたような半具体物を使う。
　継次処理優位あるいは聴覚認知優位のタイプの子どもの場合は、図2-6のように、10の合成分解や10の補数関係を軸とした半具体物の操作を行わせる。

7 + 8
= 7 + 3 + 5
=（7 + 3）+ 5

図2-6

　視覚認知優位、同時処理優位の子どもには、図2-7のような5の合成分解、5の補数関係を使った操作を行うことで計算のしかたを理解させる。

7 + 8
=（5 + 2）+（5 + 3）
=（5 + 5）+（2 + 3）
= 10 + 5

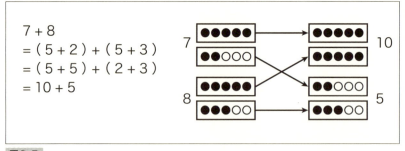

図2-7

II 算数障害の子どものタイプを知ろう

九九は九九表の場所で覚える

　九九を覚える方法として、日本にはそれぞれの段を語呂のよい言い方で唱えて覚えるという優れた手法がある。見ることよりも聞いたことを覚えやすい聴覚優位な子や継次処理が優位な子には、このように「九九を唱える」という方法が有効である。

　しかし、このような方法では九九を覚えることができないタイプの子どももいる。聞くことよりも見たことを覚えやすい視覚優位の子や同時処理優位の子には、言わせて覚えさせることは有効ではない。むしろその代わりに九九表のような2次元空間に九九の計算式の情報を全体的に示す方法で覚えることができる。例えば、「右端の縦の列は、どんな式が上から下へと並んでいるかな？」「対角線にはどのような式が並んでいるかな？」などと、どの式がどの辺にあるのかをじっくり観察させ、場所で覚えることが適している。

いん いちがいち 1×1=1	に いちがに 2×1=2	さん いちがさん 3×1=3	し いちがし 4×1=4	ご いちがご 5×1=5	ろく いちがろく 6×1=6	しち いちがしち 7×1=7	はち いちがはち 8×1=8	く いちがく 9×1=9
いん にがに 1×2=2	に にんがし 2×2=4	さん にがろく 3×2=6	し にがはち 4×2=8	ご にじゅう 5×2=10	ろく にじゅうに 6×2=12	しち にじゅうし 7×2=14	はち にじゅうろく 8×2=16	く にじゅうはち 9×2=18
いん さんがさん 1×3=3	に さんがろく 2×3=6	さ ざんがく 3×3=9	し さんじゅうに 4×3=12	ご さんじゅうご 5×3=15	ろく さんじゅうはち 6×3=18	しち さんにじゅういち 7×3=21	はち さんにじゅうし 8×3=24	く さんにじゅうしち 9×3=27
いん しがし 1×4=4	に しがはち 2×4=8	さん しじゅうに 3×4=12	し しじゅうろく 4×4=16	ご しじゅう 5×4=20	ろく しにじゅうし 6×4=24	しち しにじゅうはち 7×4=28	はち しさんじゅうに 8×4=32	く しさんじゅうろく 9×4=36
いん こがご 1×5=5	に こじゅう 2×5=10	さん ごじゅうご 3×5=15	し ごじゅう 4×5=20	ご ごにじゅうご 5×5=25	ろく ごさんじゅう 6×5=30	しち ごさんじゅうご 7×5=35	はち ごしじゅう 8×5=40	く ごしじゅうご 9×5=45
いん ろくがろく 1×6=6	に ろくじゅう 2×6=12	さぶ ろくじゅうはち 3×6=18	し ろくにじゅうし 4×6=24	ご ろくさんじゅう 5×6=30	ろく ろくさんじゅうろく 6×6=36	しち ろくしじゅうに 7×6=42	はち ろくしじゅうはち 8×6=48	く ろくごじゅうし 9×6=54
いん しちがしち 1×7=7	に しちじゅうし 2×7=14	さん しちにじゅういち 3×7=21	し しちにじゅうはち 4×7=28	ご しちさんじゅうご 5×7=35	ろく しちしじゅうに 6×7=42	しち しちしじゅうく 7×7=49	はち しちごじゅうろく 8×7=56	く しちろくじゅうさん 9×7=63
いん はちがはち 1×8=8	に はちじゅうろく 2×8=16	さん ばにじゅうし 3×8=24	し はさんじゅうに 4×8=32	ご はしじゅう 5×8=40	ろく はしじゅうはち 6×8=48	しち はごじゅうろく 7×8=56	はち はろくじゅうし 8×8=64	く はしちじゅうに 9×8=72
いん くがく 1×9=9	に くじゅうはち 2×9=18	さん くにじゅうしち 3×9=27	し くさんじゅうろく 4×9=36	ご くしじゅうご 5×9=45	ろく くごじゅうし 6×9=54	しち くろくじゅうさん 7×9=63	はっ くしちじゅうに 8×9=72	く くはちじゅういち 9×9=81

計算する
計算

大きな数の計算が苦手なCくん

計算の手続きが苦手

数処理が苦手
Aくん

小さい数の計算が苦手
Bさん

計算の手続きが苦手
Cくん

空間の認知が苦手
Dくん

例えば

簡単な計算はできるが、20以上の大きな数の筆算ができない。

計算の順番がよくわからない。

くり上がりの数をどこに書いてどの数と足すのかわからない。

くり下がりの計算で
```
  2 2
-   7
  2 5
```
としてしまう。

Ⅱ 算数障害の子どものタイプを知ろう

計算することの困難 大きい数の計算

 筆算の手続きが覚えられないCくん

　6年生のCくんは、宿題プリントやテストでいつも計算間違いをしています。正解している問題もあるので、筆算の方法を理解していないことはないと考えられますが、ただのケアレスミスにしては頻度が高すぎると感じられます。そこで、計算している様子をよく観察してみると、くり上がりの数字を書き忘れたり、たし忘れたりしています。また、途中で何かを思い出したように計算を戻ったり、同じ計算を何度もするためくり返し数字を鉛筆でたたいたりしている様子がありました。

　かけ算の筆算の場合、10の位の計算から左へ1マスずらすことの意味など、一度は授業で学習をしますが、多くの子どもはその意味をあまり意識しないで、ただ手続きどおりに順番に計算して答えを求めています。しかし、筆算のためのいくつかの手続きを、順番に正確に行うということが困難な子どもがいます。

✓Check　Cくんのような子どもは、継次処理能力が弱いため手続きが覚えられないことが考えられます。

　また、ワーキングメモリの弱さのために、頭の中に数を保持しながら筆算の手続きを行うことに問題があるのかもしれません。このワーキングメモリへの負荷は、前述のBさんのように加減算が自動化していない場合にはよりいっそう大変になります。

計算する

筆算の指導

　筆算の困難として、計算手続きの問題が取り上げられる。計算手続きの問題は、2つあり、1つめは、手順にそって作業を進められないことである。これは、継次処理能力の負荷が高いため、同時処理能力に比べて継次処理能力が低い場合には、出てくる問題である。ここには、ワーキングメモリの問題も関係している。

　2つめは、数字の位を揃えられないことなどがあげられる。この場合は上記と正反対で、同時処理能力に負荷が高い視空間認知能力の問題になる。数には桁があり、その桁が十進法では左隣に書かれた数字が10倍の大きさをもつということが決められているが、数字の位置関係の把握が弱ければ、そのことがうまく理解できないこともある。さらに多数桁の数字の計算となると、数字の位を揃えなければならないが、それがうまくできないことも出てくる。

　前者を解決するためには、計算の手続きを、本人がわかりやすい方法で示すことが必要である。手続き表をそばに置いて、それに従って計算の作業を確認しながら行う、また計算しながら、→やほかの記号などを自分でつけて計算手続きを確認する方法もある。

　後者については、マス目のある計算ノートが必要である。筆算の計算式を書くときには、マス目の位置の右端から2番目の位置に1の位の数字を書く、などと初めから決めておけばよい（45ページからのDくんの指導を参照）。

　　　　　　　　　　　　くわしくは68ページへ

Ⅱ 算数障害の子どものタイプを知ろう

計算の手続き表を作ろう

　手続きを正確に進められない場合には、手続き表を作るとよい。

　この手続きの示し方には、図2-8のように、言葉で書く場合と、図2-9のように、図や記号を手がかりにして書く場合がある。継次処理優位の場合には、言葉でくわしく計算操作を書いたほうがよいと思うが、同時処理優位の場合には、大まかなやり方を記号で簡略に示すほうがよいだろう。

かけ算の手続き表

1. 1の位の計算をする。
2. 2つの数字のうち、下の数の1の位の数字は何？
3. その数字に○をつける。
4. ○の数字から、上の数字2つに矢印をかく。
5. 矢印にそって、上の1の位の数字から計算する。
6. 10の位の計算をする。
7. 2つの数のうち、下の数の10の位の数字は何？
8. その数字に□をつける。
9. □の数字から上の数字2つに矢印をかく。
10. 矢印にそって、上の1の位の数字から計算する。

やくそく表

1. ○
2. ↓
3. □
4. ↓

図2-8 言葉で手続きを示す

計算の順番を示すマーク

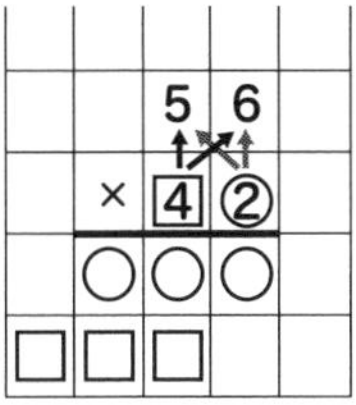

		5	6	
		↑	✗↑	
	×	4	②	
		○	○	○
		□	□	

やくそく表

1. ○
2. ↓
3. □
4. ↓

図2-9 記号などで手続きを示す

計算する

計算

大きな数の計算が苦手なDくん

空間の認知が苦手

例えば

130
×55

14/378

- 数字を書く桁がズレてしまう。
- 筆算で百の位に合わせて十の位を書いてしまう。
- 筆算をしている計算用紙やノートがぐちゃぐちゃ。
- 計算用紙でもうすでに書いてある式に重ねて計算をしている。

数処理が苦手
Aくん

小さい数の計算が苦手
Bさん

計算の手続きが苦手
Cくん

空間の認知が苦手

Dくん

Ⅱ 算数障害の子どものタイプを知ろう

計算することの困難 大きい数の計算

暗算は得意だが筆算は失敗してしまうDくん

　3年生のDくんは暗算が得意です。大きな数の計算も簡単に暗算できます。しかし、テストやプリントで筆算の途中式を書くと、とたんに失敗ばかりしてしまいます。Dくんが書いたプリントを見ると、位取りの位置がずれていたり、くり上がりの数やくり下がりで減った数の数字がごちゃごちゃになっていたりなど、どの数字を計算していいのか混乱してしまっています 図2-10。

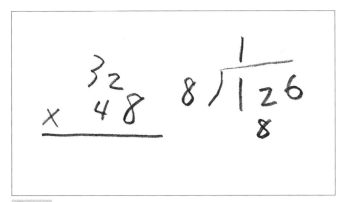

図2-10

　Dくんのような子どもは空間の中の位置関係を把握する空間認知能力や同時処理能力が弱いことや、目と手の協応の悪さまたは不器用さ（発達性協調運動障害）などのいずれかが原因になっていることが考えられます。

43

計算する

数字の並びの位置関係と位取り

　筆算というのは、多数桁の数字をノートに書いて実際に1つひとつの計算手続きを行わなければならない。

　そこで空間的な位置関係の混乱が起こると、これは、致命的である。なぜなら、例えば、12の左の桁は10を表しており単なる1ではないというように、数字の並びは位置取り（プレイスメント）によって意味が異なるため、とても重要なのである。

　そのため、視空間の関係を捉えるのが苦手な同時処理能力の弱い子どもに対しては、マス目のノートを使わせることが重要である。

Ⅱ 算数障害の子どものタイプを知ろう

マス目を用いる

　マス目のノートを用意するときには、その大きさも子どもに適切かどうかにも留意したい。なるべく、子どもが普段書く数字の大きさはどうなのかを考慮し、マス目1つに数字が1つ書けることを確認しながら、マス目の大きさを選ぶ必要がある。特に、文字の大きさが一定に書けない（大きな数字と小さな数字が混在する）場合には、大きな数字に合わせてマス目を用意する。

　また、マス目のノートを使わせても、計算式をぎっしりと詰めて書かなければならないことがあれば混乱する。1枚のページに筆算をいくつ書くようにするとよいのか考え、上下左右、ある程度空間を空けて計算を書けるように指導する。

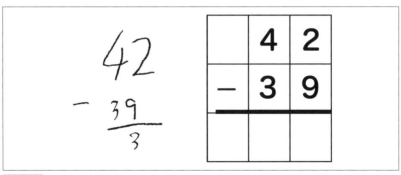

図2-11　文字の大きさとマス目の大きさ

➡ くわしくは69ページへ

推論する

数概念

序数性が理解できない Eさん

序数性が理解できない
Eさん

基数性が理解できない
Fさん

統合過程が苦手
Gくん

プランニング過程が苦手
Hくん

例えば

1桁の順序はわかるが2桁以上の数の読み方が苦手。

41と14の順序の違いがわからなくなってしまう。

数概念の困難

正確な数字で表現できない E さん

　Eさんは、「20個のアメ玉を同じ数ずつ3人で分けてね！」と言われると、数えずに一気に3等分ほどに分けてそれぞれのかたまりを3人に渡しました。3人に分けられたアメは、7個、6個、7個でした。個数の差には気づきません。6個もらった子どもに「ぼくのは1つ足りないよ」と言われ、1つだけ移動させましたが、うまくいかないので「別にいいじゃない、同じだよ」と言いました。

　このようなEさんは図2-12のような課題は得意です。しかし、計算すると

　2＋3＝6、7－3＝3

というように正確にはできません。数をたしたり、数をひいたりすることも難しいことがあります。

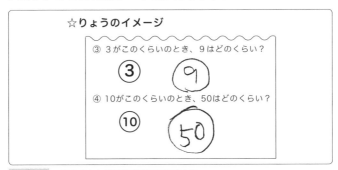

図2-12　おおまかな量の把握はできている

Check　Eさんはおおまかには分配できているため、【数の概念】のうち、量としての数の理解（基数性）はよく理解できていると考えられます。しかし、数を正確に操作することはできないのです。

序数性の理解

「基数性」の理解はできているが、「序数性」の理解ができない子どもがいる。そのような子どもは、「同時処理能力」に比べて「継次処理能力」が低い。そのため、数の系列がなかなか習得できない。

序数性という「数が系列であって、順序を表していること」が理解できないと、「いち、に、さん、し、ご、ろく……」と順序よく唱えられない場合が多い。また、私の経験では、このようなタイプの子どもは、1桁の数の順序がわかっていても、2桁以上の数の読み方がわからない場合がある。

例えば、41の1は「いち」と読むのに、14の1は「じゅう」と読むのは、右から2番目に数字があるという表記のしかたの違いに意味があるからなのだが、数字の配置の順番がわからず、配置による意味の違いまで、わからない。

2桁の数字をうまく読めないので、書くときも41を14と混合してしまうこともある。このような子どもは、そもそも数を唱えたり覚えたり操作したりすることから困難がともなう。また、集合というものも理解でき、物をグループに分けることはできても、大きな数を正確に読めない、書けないという場合が多いので、全般的に知的な遅れがあるようにも思われてしまう。

また、このレベルのことはクリアできる子どもでも、次につまずくのは計算である。数の順番、読み方、書き方が覚えられていないために簡単な計算が身につかない、できないという場合もある。さらに、数が大きく桁が多くなっても、うまく遂行できない。

➡ くわしくは73ページへ

Ⅱ 算数障害の子どものタイプを知ろう

すごろくで数詞を言えるように！

　　序数性が理解できない場合には、Aくんの数処理の指導で使用した「すごろく」を使用することができる。ただし、ここでは、すごろくを実施することが目的ではなく、その準備段階が指導のポイントとなる。そのため、Aくんの「すごろく」では、台紙の○に数字は書かないが、Eさんの場合には、台紙の○に、数詞を言わせながら数字を書かせていく。台紙の○の並びは、数字の並びを組織的に見せるように、例えば10ずつ○を書いていき、十進法規則性と数詞（言い方）と数字（表記のしかた）を理解させる。

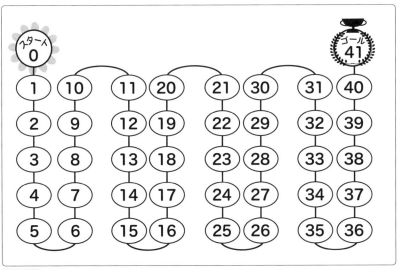

図2-13　数字を書き入れる指導

＊「すごろく」を行うという動機づけをして、数詞を言いながら数字を書かせる。なお、「すごろく」に限らないが、なるべく数の大きさも意識できるような活動にすることが大切である。

推論する

数概念

基数性が理解できない Fさん

序数性が理解できない
Eさん

基数性が理解できない
Fさん

統合過程が苦手
Gくん

プランニング過程が苦手
Hくん

例えば

計算式で書いてある計算問題はできるが、数のまとまりを見つけたり、分けたりすることは難しい。

集合が理解できない。

数直線の問題が苦手。

Ⅱ 算数障害の子どものタイプを知ろう

数概念の困難

 およその量がわからないFさん

　Fさんは、数字を書くことも数えることも、計算することも問題ありません。しかし、「教室の端から端まで何歩ぐらいで行ける？」と聞いてみると、「100歩！」など、全く見当違いの答えが返ってきます。

　線分図を書いても、線分のどの辺りに指示された数がくるのかわかりません。また、数直線では、例えば100と200の間に目盛りが4個あると、その目盛りを数えて、180の場所の目盛りを104としてしまいます。（図2-14左）

✓Check 　このようなFさんは、図2-14右のような課題ができません。機械的な手続きに従って行う計算には一見、問題はありません。しかし、数が大きくなると、2倍、3倍と数が増えることをイメージしたり、およその数の見当をつけたりすることが難しくなります。例えば「5×100」のような計算も筆算しなければわからないということが起こります。また、わり算の筆算では見当を立てることが難しかったり、わり算の「量と割合」の単元でつまずきが現れます。

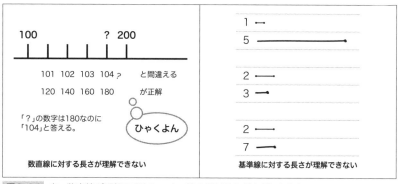

図2-14　左：数直線が理解できない　右：線の相対的な長さがわからない

推論する

基数性の理解

　基数性が理解できるということは、数が量を表していることが理解できることである。従って、これが理解できないと、数の操作はできても、数が示す意味や操作することの意味がわからない。

　例えば、「あそこの木のところまで何歩でいくことができるか」ということがおおよそ予測できなかったり、百円では何が買え、千円では何が買えるかということがわからなかったりする。10個なら10個という数のまとまりを見つけたり、分けたりすることができなかったりなど、集合という概念が理解できないことがある。

　それなのに、計算式で書いてある計算問題は、計算の方法がわかって遂行できて答えられることもある。

　このようなタイプの場合には、小学校2、3年という低学年のうちは、算数という教科にそう問題があるとは思えない場合もある。しかし、計算問題ができても文章で書いてある数の問題から立式することができず、高学年になるに従い困難が出てくる。数直線の問題がわからないという子どもも、多くはこのタイプだ。

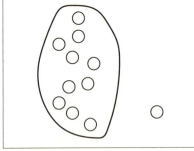

図2-15　集合が理解できる子

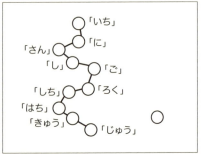

図2-16　数詞を言いながら、線でつなぐことはできても、集合が理解できない子

Ⅱ 算数障害の子どものタイプを知ろう

線分をわかりやすい分離量に置き換える

　ここでは、数概念のうち、特に基数性（数量概念）に関わる指導について取り上げる。

　例えば、計算の操作ができても、5 と 14 のどちらが多いかを具体的な量のイメージをもって言い当てられない（熊谷, 2007）子どもがいる。このような場合、分離量を操作させるばかりではだめである。

　下図は、数量という相対的な関係に目を向けさせるための指導の例である。図2-17 の手続きにあるように、単なる連続的な線分をわかりやすい分離量に置き換えるという操作をさせるのである。図2-18 の例であると、使用するサイズのシールを貼ると 10 に区切れる線を描いておく。これをモデルとして、長さの違う線分に何個のシールが貼れるかをまず予想させ、実際に自分がシールを貼り数えて、予想した数が貼れたかどうかを確認するという方法である。

1. はじめに線分（連続量）を見せる
2. モデルを用意する
3. モデルを見ながら、線の上にいくつシールが貼れるか予想する
4. 実際にシールを貼って、何個貼れたかシールを数える
5. シールの大きさを変えて、同じ線分について同じことを行う

図2-17　基数性（数量概念）の指導の手順

図2-18　連続量を分離量へ

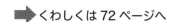

➡ くわしくは 72 ページへ

推論する
文章題

統合過程が苦手な G くん

例えば

はじめに いくつ？

序数性が理解できない
E さん

基数性が理解できない
F さん

統合過程が苦手
G くん

プランニング過程が苦手
H くん

- 文章題の場面と数のイメージがつながらない。

- 文章題に出てくる数の関係のイメージがわかない。

- 「1袋5つ入りのアメを3袋買いました。アメは全部でいくつになりましたか。」という問題で「1＋5＋3」という式を書く

なんびきとんでいった

54

Ⅱ 算数障害の子どものタイプを知ろう

文章題の困難

 問題文の出来事がイメージできないGくん

　１年生のGくんは、「ずをつかってかんがえる」の単元で、問題文に合った図や絵を描くことができずにかたまってしまっています。また、計算は得意なのに、文章題になるとつまずいてしまいます。

　支援をしようとして「はじめにあった数はいくつ？」「そこから増えたの？　減ったの？」などの質問をすると、ますますGくんは考え込んでしまいます。

　学年が上がれば、線分図などがわからなくなると予想されます。

☑Check　このようなGくんは、文章題を理解する過程のうち【統合過程】に困難があると考えられます。これは、文章題を読んで、文章から場面をイメージ化（表象化）することの困難です。

　Gくんは、字が読めないわけでも言葉がわからないわけでもありません。国語と同じく、言葉や文章の読解力も大きく関わってきますが、算数の統合過程には数量の変化も合わせて視覚化（イメージ化）して理解していくことが求められます。

　文章題につまずく子どもでも、そのつまずいている過程が違えば指導の方法も違ってきます。文章題のつまずきは、１年生のころから顕著な子どももいますが、当然、学年が上がり、文章題の構造が複雑になったり、数が大きくなったりすることでより困難さは大きくなります。

推論する

数的推論

数的推論とは、数を扱い未知の事柄を推し量り、論じることである。操作的には、文章題の解決のように数が入った課題解決場面で推論し、正しい答えを導くことである。

●問題理解過程：問題文に記述された内容に適したスキーマを構成する。

①変換過程→個々の文を読んでその意味を理解する。

②統合過程→算数に照らし合わせて文章の関係をまとめあげる。

●問題解決過程：理解した内容に基づき、方略を選択し計算する。

③プランニング過程→方略を選択し、数式を立てる。

④実行過程→演算を適用し、計算する。

また、モンタギューらは、認知方略レベル、メタ認知レベル、情動レベルの3段階に分けた認知情動モデルを提唱し、認知方略のところに、①読む、②言い換える、③視覚化する、④仮説を立てる、⑤見積もる、⑥計算する、⑦評価（確認）する、という7つの過程をおいている。

つまり、「統合過程」とは、言語からイメージに置き換えることであり、「プランニング過程」とは、仮説を立てたうえで立式するということになる。

	問題理解過程		問題解決過程	
	変換過程	統合過程	プランニング過程	実行過程
スキーマ理論				
認知情報モデル	①読む （②言い換える）	③視覚化する	④仮説を立てる ⑤見積もる （予測する）	⑥計算する ⑦評価する （確認する）

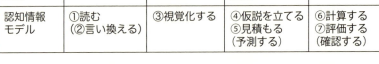

➡ くわしくは74ページへ

Ⅱ 算数障害の子どものタイプを知ろう

文章題を段階に分け、絵を描かせる

　Gくんは、文章で表されている言語の世界をイメージの世界に変換する過程（統合過程）が苦手であると考えられる。

　ここでの指導として、子どもたちが文章中の規則やパターンを把握させるために、「たすといくつ」「全部で」「買いました」などのキーワードを抜き出させたり（キーワード法）、絵を描かせたりする。

　特に、言語から（視覚的）イメージの世界に橋渡しをさせることが必要なので、図2-19のように、文章題を①割り当て文、②関係文、③質問文のように段階に分け、それぞれの段階で自分のイメージしやすい絵を描かせる、次に同じような問題を解くような過程を踏むことも有効である。

問題
①広場に　はとが　何羽か　いました。
②そのうち　6羽飛んでいきました。また、4羽飛んでいってしまったので
③残りは　20羽になりました。
　はじめに、はとは　何羽いましたか。

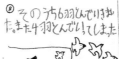

図2-19　文章題を分ける（松井 2009）　①割り当て文　②関係文　③関係文＋質問文
＊写真では関係文の一部が③質問文に入っている

推論する

......文章題

プランニング過程が苦手な H くん

序数性が理解できない E さん

基数性が理解できない F さん

統合過程が苦手 G くん

プランニング過程が苦手 H くん

例えば

何を求めるかがわかっても、求める答えを出す式が立てられない。

立式に必要な数と不必要な数がわからない。

数の変化と式が結びつかない。

へる？

ふえる？

58

Ⅱ 算数障害の子どものタイプを知ろう

文章題の困難

 何算かわからないHくん

　Hくんは、「公園にすずめが3羽いました。そこへ2羽とんできました。すずめは全部で何羽になりましたか。」という文章題を読んで、上手にブロックを操作できます。

　しかし、「では、何算になりますか？」と聞かれると、式を立てることができません。さらに、「もとの数は？」と言われると、Hくんは手もとのブロックを見て「5？」と言いました。

　また、「公園で子どもが遊んでいました。7人帰ったので5人になりました。はじめに子どもは何人いましたか。」という問題では、「7－5」という式を作ってしまいます。

☑Check
　Hくんは【プランニング過程】という部分が苦手です。【プランニング過程】とは、文章題で提示された状況を整理し、どの数でどんな順序でどんな計算を行えばいいのか検討し、決定する過程です。

　Hくんは問題文を読み、場面をイメージすることはできます。また、1つひとつの「減る」「増える」などの変化も理解できます。

　しかし、立式するためには、さらに問題場面全体の数量関係を捉えることが必要です。また、部分と部分から全体を求めるときには加算を行うなどの理解と、どの数を用いてどの演算記号で立式するかという判断が必要です。このような子どもは、逆方向での思考が必要な問題や割合の理解がとても困難になります。

59

推論する

プランニング過程と問題文の答えの位置

「はじめにリンゴを9個持っていました。よしこさんにリンゴを6個あげたら残りのリンゴは何個になるでしょう。」などという問題は、「リンゴ9個から6個をあげる（引く）ので『9－6＝？』という式になる」と文章中にある数の操作を適切な演算子に置き換える必要がある。それには、演算子に相当する操作はどの言葉なのかが理解できなければならない。「あげる」がひき算になるとわかったら、どの数からどの数をひくのかということが把握できなければならない。

さらに、「はじめにリンゴを何個か持っていました。よしこさんにリンゴを6個あげたら残りは3個になりました。はじめに持っていたリンゴはいくつでしょう。」では、「何個かわからないものから6個あげると3個になるので『？－6＝3』であり、『？』を出すには何算になるのだろう」といった、逆方向での思考をしなければならない。ライリーら（1988）は、文章題のはじめの位置に答えがあると、正答率が落ちることを報告している。このことは、具体物のブロックを使おうとしても、はじめに置くブロックの数がわからないことからも、思考の過程が難しいとわかるだろう。

II 算数障害の子どものタイプを知ろう

求める数をxと置く

　Hくんはイメージしたことから数と演算子の関係を組み立て、具体的に計算式を作る過程（プランニング過程）が苦手であると考えられる。ここでは、具体物やイメージ化したことを演算子に置き換えること、つまり、「＋（たす、プラス）」や「－（ひく、マイナス）」は、「ある数とある数をたす」や「ある数からある数をひく」ことだと変換できることが必要である。さらに、問題文に３つ以上の数が登場してきた場合に、どの数とどの数をどう演算子で結びつけるのか、その関係を理解しなければならない。

　また、ここで一番問題となるのは、前述の逆思考が必要な問題文であるが、このような問題につまずくのは、同時処理能力が低いタイプの子どもである。この場合には、□－６＝３あるいは$x-6=3$のように、求めるべき数を□あるいはxと置いて順方向で式を立てさせる。そして、両辺に同じように６をたして左辺を□あるいはxとするように、式の変換を手続きとして教え、機械的に答えが導けるようにする。このような操作は、中学数学で習得する内容であるが、これをいちいち具体物や文章に戻って考えさせるとかえって混乱することが多い。

もっと知りたい！算数と算数障害のこと

算数の基盤となる能力

　算数・数学は、数という抽象的なシンボル操作の世界である。数は、言語と非言語（視空間）が結びついたところに成立する。算数障害は、言語性能力、非言語性能力いずれも関係する。また、数は、小さい数から何億何兆という大きな数までの長い系列となるが、その数詞の言い方や表記法は、規則的で、具体物から数空間という長い一列の直線上に並ぶ。そのため系列化に関係する「継次処理能力（1つの情報が次々と入ってきたときにその系列を順序よく処理する）」が必要である。

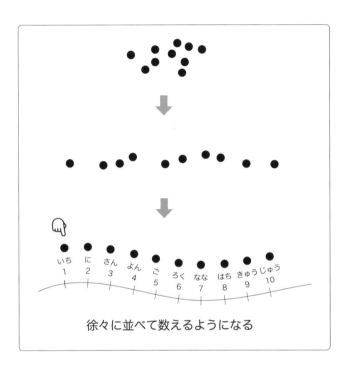

徐々に並べて数えるようになる

　また、文章題などは、全体の流れを理解して、数の増減などを理解する必要があり、この全体の流れとどのように関係しているのか、全体と部分の関係を理解する必要がある。そのため、全体と部分の関係づけや複数の情報を一度に把握するということで「同時処理能力（一度に複数の情報を処理する能力）」も必要になる。

　さらに、どうやって問題解決を行うのか、それを志向するプランニング（計画能力）が必要である。

もっと知りたい！算数と算数障害のこと

数処理における数詞・数字・具体物、それぞれの広がり

　「いち……きゅう」までそれぞれ言い方の異なる数詞を言うと、その次はどのようになるだろうか。

　「いち、に、さん……きゅう」、次は、「じゅう」

　「じゅう＋いち……じゅう＋きゅう」、次は「に＋じゅう」

　「に＋じゅう＋いち……に＋じゅう＋きゅう」、次は、「さん＋じゅう」となる。

　数字は、数詞と同様に、「1, 2, 3, ……9」、次は「10」、次は「11, 12, 13……19」、 次 は、「20」、「21, 22, 23, ……29」、次は「30」というように、数詞の言い方の規則、数字の書き方の十進位取りの規則がある。

　具体物は、はじめランダムに数えていたところから、近いものから数えていくようになり、やがて一列に並べて数えると、数えた物とこれから数える物が分けやすいことに気づく。このように計数することを経験していくと、「5は4よりも向こう側、3は4より手前」のように、数シンボル（数詞・数字）が空間的な位置関係の中に並べられるようになる。その後、ドットという分離された物をつなげた数直線の目盛りを認識できるようになってくる。さらに、数直線の目盛りが1ずつになっていなくても、ある数に対する相対的な関係がわかれば、1つの目盛りが10であっても50であっても、ある数をその直線上において表現することができるようになってくる。

もっと知りたい！ 算数と算数障害のこと

継次処理能力と同時処理能力

　数詞でも数字でも具体物でも、数が大きくなったときの言い方や表記には、2つの能力が必要である。

　1つめは、「いち～きゅう」や「1～9」のように安定した系列化（Lexical process）に関わる「継次処理能力」であり、これにより、「いち、に、さん……きゅう」、「1, 2, 3, ……9」の正確な系列を覚えたり、数を順番として理解できたりする。2つめは、10を単位として桁という構造的な規則（Syntactic process）を理解し、例えば「10から見た50は、10から10の4倍の距離のところにある」などの数の相対関係の理解に関わる「同時処理能力」である。

　つまり、継次処理能力は、「1つずつの刺激を時間的・系列的に処理する能力」のことであり、同時処理能力は、「複数の刺激を同時に統合し処理する能力」のことである。

　これは、ルリア（1970）の知能理論に基づいて分類された能力である。心理学の中でも、ケイガンとモス（1962）が提唱した熟慮型/衝動型という認知スタイルも、それぞれ継次処理能力、同時処理能力に対応する。

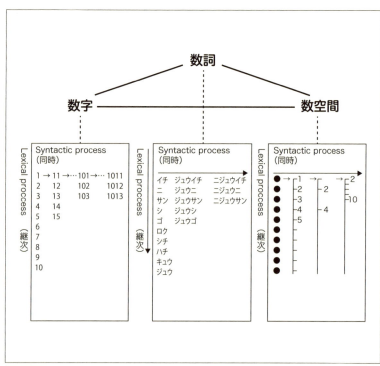

図2-20

もっと知りたい！ 算数と算数障害のこと

暗算と
数的事実を構築する過程

　大人は、すでに数の組み合わせが長期記憶に蓄えられていてすぐに活用できるため、暗算をすることができる。一方、子どもの場合は、それらの数的事実を構築していく過程が必要である。暗算（小さい数の計算）や加減算の指導は、子どもの実態に応じて変わってくる。

　はじめは、図 2-21 にあるように、加減算を具体物を操作して、計算のしくみを理解するレベルである。ここでは、数詞を言いながらドットや積み木を並べるという具体的操作に必要な目と手の協応能力が関わる。

・半具体物レベルで操作することと合わせて
　計算のしかたを理解する。 ……………………… 手と目の協応
　7+8=7+3+5=10+5
　7+8=(5+2)+(5+3)=10+5

・上記の操作を頭の中でできるようになる。 …… ワーキングメモリ

・最終的には、数の関係を「事実」として
　記憶しなければならない。 ……………………… 長期記憶
　(4. 4. 8) (5. 8. 13) (2. 4. 8) (6. 7. 42) (5. 9. 45)

図2-21　小さい数の計算

　次は、頭の中で半具体物が操作できるレベルである。ここでは、ワーキングメモリなどが関わる。さらに、それらの数の関係を数的事実として覚え、長期記憶から数の関係を想起する、再生するなどの処理が必要になる。

もっと知りたい！ 算数と算数障害のこと

筆算指導における
子どものタイプによる教材の違い

　前述（38 ページ〜）のように、筆算で手続きを正確に進めるのが苦手なＣくんには手続き表、視空間認知が弱くて桁などがぐちゃぐちゃになるＤくんにはマス目のある用紙を用意する。一見、同じような筆算ができない子であっても、様子をよく観察し、子どもに合った教材や指導を提供したい。

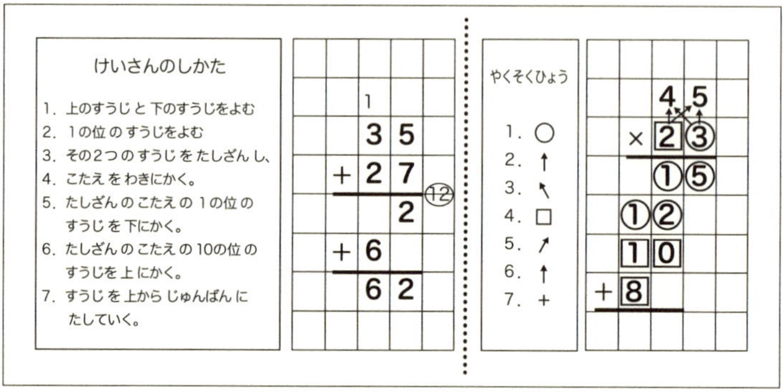

図2-22　手続き表とそれに従った計算式…Ｃくん

図2-23　マス目のある用紙…Ｄくん

もっと知りたい！算数と算数障害のこと

計算式の位置関係に対する支援

　くり上がりやくり下がりの計算はできるのに、図2-24のように、桁を誤って130の百の位に合わせて55の十の位を書いてしまうような子がいる。その場合、図2-25のように、130というたされる数を書いたあとに、0の後ろに桁をそろえさせるための補助線を、自分で書かせるなどすることも効果的である。

　筆者が指導していたJさんは高機能自閉症でIQは100、当時は小学校3年生だった。WISC-Ⅲの検査では言語理解81、注意記憶98、知覚統合111、処理速度124と高く、言葉で考える以前に操作（書くこと）が先行してしまう傾向があった。

　Jさんの場合には計算自体はできるので、計算をするための補助線は必要なかったが、考えることなく、操作が先行するのを抑える必要があった。そのため、作業に付加をかける目的で、計算の方向を示す矢印を入れながら計算させた。計算の方向を示す矢印も入れながら計算させた方がよい場合もある。

　なお、例えば、同時処理が低く継次処理優位な子の場合にも、計算の方向を示す矢印を書き入れ、計算する数字と計算の方向を明確にしながら行う方法が有効となる。

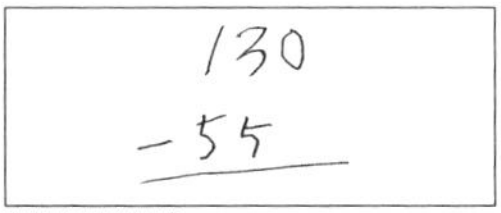

図2-24　桁がずれる

図2-25　補助線で桁をそろえる

もっと知りたい！算数と算数障害のこと

桁の多い数字の計算

　3位数（3桁の数）×3位数（3桁の数）など、桁の多い数字の計算の手続きは非常に面倒である。同時処理が高くて継次処理が弱い人は、計算式を正確に解くことに困難がともなう。そのような場合には、簡単に長方形の図を書いて、やりやすいところから計算することにしてもよい。

　例えば、143×264では、図2-26のように、(100＋40＋3) と (200＋60＋4) の辺の長方形の面積としても考えられる。

　筆算では、(I＋F＋C) ＋ (H＋E＋B) ＋ (G＋D＋A) の順番で求めているが、A～Iの長方形の面積を出すには、どのような順番で求めても最後にすべての面積がたせればよい。

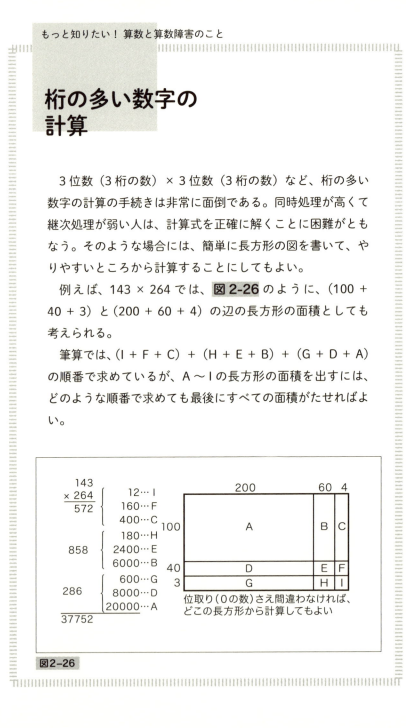

図2-26

もっと知りたい！ 算数と算数障害のこと

演算記号

　図2-27のように演算記号を見誤って計算してしまい、正答に至らない場合がある。特に、かけ算記号とたし算記号を混同してしまうことがよくある。

　著者が指導していた、前頭葉損傷がある小学校5年生のKくんは、たし算のあとにほかの計算が続いても、ずっと同じように計算してしまっていた。これは保続といわれる症状である。計算問題に取りかかる前に、演算子の種類の区別（確認）をしておくことで、すべてではないが、計算の間違えは改善した。

　同様に、注意する力に問題がある場合にも、演算記号を見誤ることもある。この場合には、計算をする前に、例えば、×を丸で囲って⊗とするなど演算記号に補助的な記号をつけさせる、補助的な記号をつけながら計算するなどの工夫をする。

　「5 ＋ 4 ＝ 9」「3 ＋ 5 ＝ 8」「12 ＋ 24 ＝ 36」が正しいのに

　「5 × 4 ＝ 9」「3 × 5 ＝ 8」「12 × 24 ＝ 36」と間違える場合

　→ 数をかける代わりに数をたしているので、
　　 × という記号に注意を向けさせることが
　　 誤りを正すために必要となる

図2-27

もっと知りたい！ 算数と算数障害のこと

分離量と連続量

　「分離量」というのは、おはじきやドットのように具体物が分離しており、「いち、に、さん……」などとそれらの個体を数えられるものである。そのすべての量は、「いち、に、さん……なな、だからなな個」というように、物を１つひとつ指で押さえて、それぞれの個体に数詞を対応させ、最後に言った数詞が、その総量を表すということで量を認識することである。

　しかし、具体物を数えて、数詞が言えたとしても、量を把握しているわけではないことが往々にしてある。例えば、6ページの「算数障害のチェックリスト」の項目のように、子どもに、長さの異なる紙片を2枚見せて、「どちらがさん（3）でどちらがご（5）だと思う？」などと尋ねると、ぽかんとしてしまうことがある。このように目盛りも何もつけないで示したものが、「連続量」である。

　この連続量を把握するには、2つの数の相対的な量関係を理解していなければならない。個数ではなく、長さや大きさのように分離できないものとして示したときに、その量がわかることが重要である。これは、就学前の生活経験の中で、徐々に把握できてくるものである。

もっと知りたい！ 算数と算数障害のこと

序数性と基数性

　数概念には、「序数性」と「基数性」がある。

　「序数性」とは、「その数が系列の中の順番を表していること」であり、「基数性」とは、「その数が1に対してその量を表していること」である。この2つの理解があってこそ、数概念が習得されたことになる。

　「序数性」の理解に問題がある場合には、継次処理能力が弱く、系列としての数詞や数字の系列が習得されない。そのため、ざっくりとしたおよそ数の量感はわかるが、正確な数の理解が困難となる。その理解のためには、すごろくゲームの際に、すごろくの台紙となるところに番号を順序よく、言いながら振っていくなどの指導や活動が必要となる。

　一方、「基数性」の理解に問題がある場合には、同時処理能力が弱く、量としての側面が理解できない。その場合には、1より3は3倍長いということを教えようとしても、長さの違いに注目できず、3は1本であるから1であるという認識になる子どももいる。この連続量としての数の感覚（概念）は、いくらおはじきやドットなどの分離量を数えさせても理解させることができない。その理解のためには、連続量から分離量に分解するなどの指導や活動が必要となる。

もっと知りたい！ 算数と算数障害のこと

文章題の解法

図2-28

「推論する」ことの中核的な問題となるのは、操作的には「文章題の解法」ということになる。文章題は、文章で提示された具体物、ドット（半具体物）、数（シンボル）と演算子（記号）を使って立式し、それを解くということである。

文章題に示された文を読んで理解することができない場合には、読み障害の問題を疑う必要がある。

文章題の解法の「推論する」ことの算数・数学的要素としての本質は、その後、言語的な世界をイメージの世界に置き換え、シンボル・記号操作に置き換えるところである。その過程は、問題理解過程と問題解決過程に大分される（＊）。さらに、問題理解過程は変換過程と統合過程に、問題解決過程はプランニング過程と実行過程に分けられるのである。

＊この文章題の解法過程に関する研究は、Rileyらのように古くから研究がある。Lewis & Mayer,1987、Rileyらには、多鹿がスキーマ理論（多鹿,1995）と名づけたものがある。
なお、多鹿と本書（熊谷）の統合過程の捉え方が若干異なる。

III

算数障害の学習指導法

10 までの数

ねらい	すごろくゲームをとおして、10 までの数の数詞・数字・具体物の対応関係を理解する。
関連する単元	・10 までの数（1 年）・10 より大きい数（1 年）

学習ポイント

●すごろくという具体的な操作をとおして、数詞と数字の関係を理解させる。

学習のすすめ方

【準備するもの】
◎フェルトペン、すごろくのこま
◎すごろくシート（図 3-3）、サイコロ（図 3-1、図 3-2、図 3-4）

＊本人が覚えている数詞に合わせてサイコロを作る。

例「イチ」までしかわからない場合

図 3-1

例「イチ……ゴ」までわかっている場合

図 3-2

Ⅲ　算数障害の学習指導法

◎すごろくシートを作る。絵やマス目が適量になるように留意する。

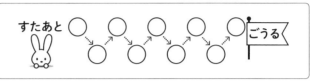

図3-3

【展開】
1. すごろくゲームをする。

● すごろくゲームを実際に行なう。具体的操作と数詞を対応させるため、こまを進ませながら数詞を声に出して言わせる。
● ゴールに先に着いた人にシールなどを贈るルールにすると、ゲーム性が高まる。
● 本人のわかる数詞が増えたら、わからない数も入れるなどサイコロの目を替えてゲームを行う。

例）6までの数詞を理解している場合

図3-4

指導ポイント

　上級者には、すごろくの1つの○を②-④-⑥などの2とびや5とび、10とび……とする。サイコロの目も②④⑥⑧⑩⑫などにして、「にーしーろーやーとー」などと言いながらこまを動かすなどすると楽しめる。

20までの数
～数の系列を学ぶ～

ねらい	1～20までの数の表記のしかたとその意味を理解する。
関連する単元	・10までの数（1年）・10より大きい数（1年）

■ 学習ポイント

- ●数詞の単位である10を基本として使う。
- ●数字の読み方をひらがなで示す。

■ 学習のすすめ方

【準備するもの】
◎黒のドットシールを貼った細長い紙（図3-5）
◎20玉そろばん、1～20の数字カード（図3-6）

【展開】
1. 20の黒のドットシールを貼った紙を半分に切る。

- ●「いち、に、さん……」と言いながら、ドットを20まで数えさせる。
- ●その紙を半分に切って見せながら、「こうなっているのが20玉そろばんだよ」と言う。

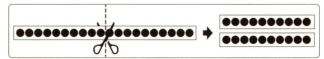

図3-5

Ⅲ　算数障害の学習指導法

2.数を唱えながら、20玉そろばんを操作する。

- そろばんの上の段の玉を子どもから向かって左に、下の段の玉を右にそろえておく。
- そろばんの上の段の玉を指さししながら「イチ」から順番に数えさせる。
- 11〜20までの数を数えながら、下の段の玉を左に移動させる。
- 途中でときどき作業をストップし、手もとに置いてある数字カード（数字の読み方が書いてあるもの）を取らせる。

図 3-6

3.「数字の系列クイズ」に答える。

- 「数字の系列クイズカード」（1〜20までの数字カードを針金につけたもの）を用意しておく（図 3-7）。
- カードをところどころ裏返しにして「この数字はいくつですか」と聞き、答えさせる。

図 3-7

30 までの数
～数の構造を学ぶ～

ねらい 1～30 までの数の表記のしかたとその意味を理解する。

関連する単元 ・10 までの数（1 年）・10 より大きい数（1 年）

学習ポイント

- 数の系列について、登って・降りる、ひと山・ふた山などといった意味づけをして理解させる。
- 山のどのあたりにある数字なのか、数字とその位置を対応させることで数列の構造に気づかせる。

学習のすすめ方

【準備するもの】

◎すごろくシート（図 3-8）、サイコロ（目は工夫する）、「数字カード」（白い紙に、1～10 の数字がそれぞれ書かれたカード）

◎すごろくのこま、コイン

【展開】

1. すごろくシートの数字を指さしながら、読ませる。

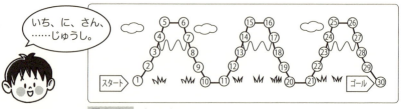

図 3-8　すごろくシート

Ⅲ　算数障害の学習指導法

2. すごろくゲームを行う。

●すごろくを行う。ひと山（10 や 20 など）を越えたらコインをもらえ、ゴールしたらさらにコインをもらえるルールにする。

3. 数列の構造に気づく。

●すごろくを見ながら、それぞれの山の数字がどう違うか、意見を発表させる（**図 3-9**）。

●「ひとつめの山とふたつめの山の数字はどう違いますか」と言って、2 桁目の数字に気づかせる。

> **例)**「5 と 6 は高いところにあります。15 と 16 も高いところにあります」
> 「1 と 10、11 と 20 は下にあります。20 と 10 では文字の形も似ています」

図 3-9

●数字カードを見て、すごろくシートの中でどこにあるかを当てることで、数列の構造と数の意味を対応させる（**図 3-10**）。

> 「1 と 11 と 21 はどこですか？」
> →「下にある。山の入り口」
> 「2 と 12 と 22 はどこですか？」
> →「2 番目にある。1 の隣、11 の隣、21 の隣」
> 「5 と 15 と 25 はどこですか？」
> →「上にある。てっぺん」

図 3-10

大きな数の読み書き
～量のイメージ～

ねらい	100、1000、10000 の単位の大きな数字の読み書きができる。
関連する単元	・100 より大きい数を調べよう(2年)・10000 より大きい数を調べよう(3年生)・1億より大きい数を調べよう(4年生)

学習ポイント

- ●数の大きさを絵の大きさとして示し、数字の大きさと意味を感覚的に伝える。
- ●絵カードを操作することで、数のもつ量的なイメージと読み方を対応させる。

学習のすすめ方

【準備するもの】

◎10000、1000、100、10 と書かれた袋と1円玉がかかれた絵（図 3-11）、それぞれの袋と1円玉がかかれた絵カード（図 3-12）、大きさの異なる箱、数字カード（図 3-13）

【展開】

1. 絵を見ながら話し合う。

●お金の袋が描かれた絵を見せて、「ほら、こんなにお金がたくさんあるよ」「どの袋がたくさんありそうかな」「どの袋をもらいたい」などと声をかける。

図 3-11

Ⅲ 算数障害の学習指導法

2. 1の絵と同じ数だけ絵カードを集め、箱に入れる。

●袋がかかれた絵カードがばらばらに置かれた机の上から、同じ数字の絵カードごとに集めて重ねる。

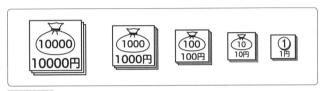

図 3-12

●1の絵と同じ数になるように絵カードを集め、それぞれの箱に入れさせる。各絵カードの枚数を数字カードで示す。

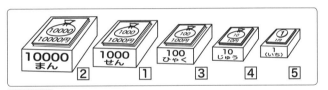

図 3-13

3. 数字の読み方、書き方を知る。

●各絵カードの枚数と、箱にかかれた単位（まんなど）を続けて声に出して言わせる。
●教師は、各絵カードの枚数（数字）をホワイトボードに大きく書いて示す。

4. 読み方、書き方を練習する。

●同じ数字が書かれたカードを複数ペア用意する。机の上にばらばらに置き、子どもにペアを見つけさせる。
●カードの数字を声に出して言わせたり、ホワイトボードに数字を書かせたりする。

数処理
が苦手
Aくん

大きな数の読み書き
～桁のシステム～

ねらい	100、1000、10000 の単位の大きな数字の読み書きができる。
関連する単元	・100 より大きい数を調べよう（2年）・10000 より大きい数を調べよう（3年生）・1億より大きい数を調べよう（4年生）

学習ポイント

● 読み方の順序、書くときの順序がわかる「読み方ボード」を使用する。
● 大きな数がもつ意味（桁）を言語化させる。

学習のすすめ方

【準備するもの】

◎「読み方ボード」（ホワイトボードに油性のフェルトペンで枠をかくなどする 図 3-14）、「数字の意味ボード」（図 3-15）、「数字カード」「数詞カード」（図 3-16）

【展開】

1. 数字の読み方の基本を知る。

● 「読み方ボード」の読み方の欄を指さして、「いち、じゅう、ひゃく、せん、まん」と読み方の基本を教える。

読み方	まん	せん	ひゃく	じゅう	（いち）
数　字					

	①	②	③	④	⑤
読み方	まん	せん	ひゃく	じゅう	（いち）
数　字	1	3	4	6	5

図 3-14　読み方ボード

Ⅲ　算数障害の学習指導法

2. 数の意味（桁）を知る。

● 「読み方ボード」の数字を「数字の意味ボード」に左上の□から記入させる。

＊下段右の「だから『□』とよむ」の□の中には、「いちまんさんぜんよんひゃくろくじゅうご」と書かせる。

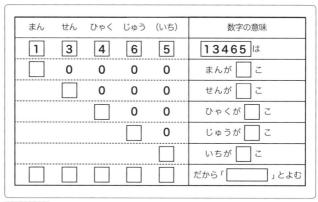

図 3-15　数字の意味ボード

3. 数字の読み方、書き方を知る。

● 数字カード、数詞カードを 1 枚ずつ示し、1・2 と同様にして読み方を練習させる。

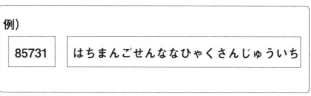

図 3-16　数字カードと数詞カード

数の合成・分解

ねらい	数の三項関係と5以下の数の合成・分解を理解させる。
関連する単元	・なかまづくりと数（1年）・いくつといくつ（1年）

学習ポイント

- 中身が見えない箱の中から指示された数のブロックを取り出すことで、数詞と数字と具体物の三項関係と、数の合成・分解を理解させる。
- "見えない"という状況で、触る・想像することで、運動覚を通じて頭の中に数のイメージを育てる。

学習のすすめ方

【準備するもの】
◎上部と左右に穴を空けた30×20×20cm程度の箱「はてなボックス」（図3-17）
◎1cm角のブロック（子どもが片手で最大4個握れるサイズのもの）またはビー玉
◎1～5の数字と数詞を書いたカード

【展開】
1. 数の三項関係を理解する。

- 1cm角のブロックが入った「はてなボックス」に、中を見ないようにして上の穴から手を入れる。
- 数字の「3」と書かれたカードや「さん」と言われた指示に従って、その数になるようブロックを片手で取り出す。

Ⅲ　算数障害の学習指導法

2. 数の合成・分解を理解する。

- ●上の穴から片手でできるようになったら、次は両横に開いた穴に両手を入れる。
- ●必ず両手のどちらにも1つ以上のブロックを取るルールで、両手でそれぞれ取り出したブロックの合計が、指示された数になるように箱から取り出す。

図3-17　両手で合計3になるようにブロックを取り出す

指導ポイント

　本人のわかる数が増えてきたら、わからない数も入れる。また、いろいろな数の組み合わせがわかるように「数のサクランボ」を提示するのもよい。

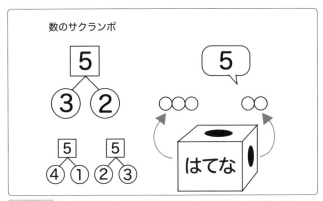

図3-18　数の分解例を示した「数のサクランボ」と「はてなボックス」

小さい数の計算が苦手 Bさん

5の補数・10の補数

> | ねらい | 5の補数と10の補数を理解させ、式と対応させる。 |
>
> **関連する単元** ・なかまづくりと数（1年）・いくつといくつ（1年）

学習ポイント

- 「5じゃん」という運動覚を用いた活動をすることで、5以下の数の補数と10の補数を理解させる。
- 補数の合成・分解を、たし算とひき算の式と対応させて指導する。

学習のすすめ方

【準備するもの】
◎「対応する式」が書かれた表（図 3-20）

【展開】

1.「あと出しじゃんけん」でウォーミングアップ。

- 「絶対勝ってね」と教示してから、指導者が「じゃんけん・ポン」と手を出し、子どもは1テンポ遅れて「ポン」と出す。（「次は絶対負けてね」を行っても盛り上がる。）

2.「5じゃん」をする。

- 指導者の出す手の指の数に、あといくつ自分の指を出せば合わせて5になるのかを考えて出す。
- タイミングは「あと出しじゃんけん」と同じ。

Ⅲ 算数障害の学習指導法

図 3-19　指導者が出した指の数に、たして5になるような数の指を出す

3. 式と対応させて理解させる。

● 「5 じゃん」の数字のペアと、たし算ひき算の「対応する式」の表を対応させて理解を深める。

指導ポイント

順次また、「4 じゃん」「3 じゃん」「2 じゃん」に取り組むが、6・7・8・9 に関しては取り扱わず、発展的には「10 じゃん」を行うとよい。

「10 じゃん」を行う場合は、まず指導者が 5 以上の数を出し（指導者は 5 以上の数を出すときには片手で 5、もう片手で 1〜4 の数を出す。「6」を「3」と「3」とは示さない）、子どもは 5 以下の数を出すことをくり返す。慣れてくると指導者が 5 以下の数、子どもが 5 以上の数で行う。

〈対応する式〉

	たし算	ひき算
5 じゃん	1 + 4、2 + 3、3 + 2、4 + 1	5 − 1、5 − 2、5 − 3、5 − 4
2 じゃん 3 じゃん 4 じゃん	1 + 1、 1 + 2、2 + 1、 1 + 3、2 + 2、3 + 1	2 − 1、 3 − 1、3 − 2、 4 − 1、4 − 2、4 − 3
10 じゃん	1 + 9、2 + 8、3 + 7、4 + 6、 5 + 5、6 + 4、7 + 3、8 + 2、 9 + 1	10 − 1、10 − 2、10 − 3、 10 − 4、10 − 5、10 − 6、 10 − 7、10 − 8、10 − 9

図 3-20

10 の補数

ねらい	10の補数を理解させ、式と対応させる。
関連する単元	・なかまづくりと数（1年）・いくつといくつ（1年）・合わせていくつ/増えるといくつ（1年）・残りはいくつ/違いはいくつ（1年）

学習ポイント

- 語呂合わせや手遊び歌で10の補数を理解させる。
- 聴覚記憶や意味記憶、運動覚からの記憶が得意な子どもに有効である。
- 数字と式を対応させながら活動することが大切である。

学習のすすめ方

【準備するもの】

◎10羽のにわとりのイラスト（可能であればアニメーションスライド）

【展開】

1.「10羽のにわとりさん」の語呂合わせを覚える。

- 10羽のにわとりのイラストを1羽ずつ動かし、10の補数分解を5パターン見せる。
- 10の補数の5パターン「行く（1・9）よー！　にわ（2・8）とりさん！　みんな（3・7）！　よろ（4・6）しく！　ゴーゴー（5・5）！」と言い、そのフレーズが10の補数の語呂合わせであることを説明する。

Ⅲ 算数障害の学習指導法

2.「10の手遊びうた」をする。

● 童謡「10人のインディアン」のメロディーにのせて歌詞カードの歌を歌い、手遊びをする。

1 と 9 で 10です
2 と 8 も 10です
3 と 7 も 10です
4 と 6 も 10です
さあ　もういちど
5・5！

1と　　9で

10です

図 3-21

● はじめは1～4を子どもが出し、対応して9～6を教師が出して練習する。子ども1人でできるようになれば子ども同士ペアで順番をランダムにして遊んでもいい。

3. 式を対応させて理解させる。

● 語呂合わせの数のペアとたし算・ひき算の式を対応させて理解を深める。

〈対応する式〉

＊89ページの表「10じゃん」の「対応する式」と同じ（図3-20）

【指導ポイント】

聴覚的な記憶や言語の力、また、意味的な記憶が得意な子どもに適している。学習に生かすためには、数字と式と対応させながら活動することが大切である。

小さい数の計算が苦手
Bさん

5を基数とした5以上の数

ねらい	5を基数として5以上の数を理解させ、式と対応させる。
関連する単元	・なかまづくりと数（1年）・いくつといくつ（1年）・合わせていくつ/増えるといくつ（1年）・残りはいくつ/違いはいくつ（1年）

学習ポイント

● 5を基数として6以上10以下の数を理解させる。
● 数字と式に対応させて学習させる。

学習のすすめ方

【準備するもの】
◎ 5を基数にした5から10までの2色（黄色と白）タイルカード（図3-22）
◎「対応する式」が書かれた表（図3-23）

【展開】
1. タイルカードをフラッシュカードにのように見る。

● 教師は、5のタイルカードを見せ、タイルはいくつあるか問う。一緒に数えてもいい。
● 次に8のタイルカードを見せ、すぐに7→9→6の順にカードをフラッシュカードの手続きで次々に見せる。子どもに「速くて数えられない！」ということを感じさせる。

2. きまりをみつけて再度取り組ませる。

● 黒板や机の上に2色タイルカードを並べて、5までのタイ

Ⅲ 算数障害の学習指導法

ルが黄色、それ以上は白いタイルが１個ずつ増えていることに気づかせる。
- 「黄５＋白１＝６」「黄５＋白２＝７」……「黄５＋白５＝１０」という規則を理解させる。

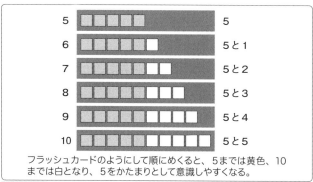

図3-22 「５といくつ」が色でわかるタイルカード

- フラッシュカードのように素早く入れ替えながら提示し、子どもは白いタイルだけを見て、数を答える。
- 「５と１で６」「５と２で７」……「５と５で１０」という５を基数として６以上の数を理解させる。
- カードを左右反対にして、「１と５で６」、「２と５で……」ということも練習し、確認する。

3. 式と対応させて理解する。

- タイルカードと、「対応する式」の表で、「５＋１＝６」、「５＋２＝７」……「５＋５＝１０」の式と対応させる。

〈対応する式〉

	たし算	ひき算
５といくつ	５＋１、５＋２、５＋３、５＋４、５＋５	６－５、７－５、８－５、９－５、１０－５

図3-23

小さい数の計算が苦手 Bさん

順序数と集合数

ねらい	順序としての数と集合としての数を理解させ、式と対応させる。
関連する単元	・10までの数（1年）・なかまづくりと数（1年）・何番目（1年）

学習ポイント

- ●順序としての数が1つ進む・戻ることと、量としての数が1つ増える・減るということを理解させる。
- ●「○＋1」「1＋○」や「○－1」の計算と対応させながら理解させる。

学習のすすめ方

【準備するもの】
◎タイルブロック（白色を25個、黄色を30個）
◎黄色のタイルブロックを5個ずつビニールテープなどで固めて1つのかたまりにしたものを6個
◎1〜10の「数字カード」、「対応する式」が書かれた表（図3-25）

【展開】
1. 数を階段状にして見せる。

- ●1個のタイルブロックの前に1の数字カードを置き、2の数字カードの前に2個のタイルブロックを並べさせる。
- ●同じ手続きを3、4でも行う。
- ●6以上の数は、5のかたまりのタイルブロックの上に1つ

ずつ並べていく。

2. 気づいたことを発表させる。

● 1〜10までの数字カードの前に階段状に並んだタイルブロックを見て気づいたことなどを尋ねる。1〜10の数字が順番に進むたびに、タイルブロックが1つずつ増えていくことを理解させる。

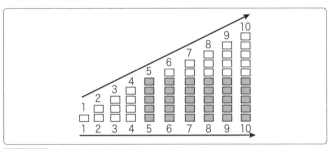

図3-24 数の階段

3. 計算式と対応させて理解する。

● 2の手続きのあと、「対応する式」の表を使って、「○+1」「1+○」のたし算の式や「○-1」のひき算の式に対応させる。

指導ポイント

縦に並べることが難しい子どもは、横に並べて行ってもよい。また、マグネットつきのブロックタイルを用いて黒板に貼り、全体指導で行うこともできる。

〈対応する式〉

	たし算	ひき算
たす1と ひく1	1+1、2+1、3+1、4+1、 5+1、6+1、7+1、8+1、 9+1	2-1、3-1、4-1、5-1、 6-1、7-1、8-1、9-1、 10-1

図3-25

たし算のまとめ

ねらい	数えたさないたし算の方法を理解させる。

関連する単元　・10までの数（1年）・いくつといくつ（1年）
・合わせていくつ/増えるといくつ（1年）

学習ポイント

- ●たし算の答えを数えたす方法で考えるのではなく、数の補数の合成として理解させる。
- ●補数を理解して自動化している（瞬時にわかる）計算と、まだ自動化していない計算を整理させる。

学習のすすめ方

【準備するもの】
◎「たし算一覧表」（図 3-26）

【展開】

1.「たし算一覧表」を提示する

- ●和が 10 以下のたし算は全部で何問ぐらいあるか、子どもに予想させる。
- ●「たし算一覧表」を提示し、全部で 45 問であることを理解させる。

2. 式のグルーピングをする。

- ●一覧表の中から、順に「2・3・4 じゃん」「5 じゃん」「10 じゃん」「5 といくつ」「たす 1」など、86 〜 95 ページの活動に対応する計算式を見つけ、グルーピングさせる。

Ⅲ 算数障害の学習指導法

- ●「1＋1」「2＋2」「3＋3」「4＋4」「5＋5」を「同じ数たしざん」というグループにする（「1＋1」「2＋2」「5＋5」はそれぞれ「2じゃん」と「10じゃん」グループに含まれており、新規は「3＋3」「4＋4」のみである）。
- ●グルーピングされなかった式は「2＋4」「2＋6」「2＋7」「3＋4」「3＋6」の5つだけであることを確認する。
- ●どのグループにも属さない式をどのように考えたらよいか交流させ、自分なりの方略をもたせる。
- ●計算グループごとに、計算式をフラッシュカードやプリントにして取り組む。

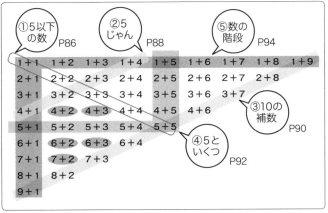

図3-26 たし算をグルーピングした「たし算一覧表」

指導ポイント

自動化していない計算は、対応する数の合成分解の学習活動に戻って練習させる。どのグループにも入らなかった計算の考え方については、「3＋4は3＋3より1増えるだけだから答えは7」というように数の変化に注目することは大切であるが、語呂合わせなど子ども本人が記憶しやすい方法を尊重する。

ひき算のまとめ

ねらい	数えひかないひき算の方法を理解させる。
関連する単元	・10までの数（1年）・いくつといくつ（1年） ・残りはいくつ／違いはいくつ（1年）

学習ポイント

● たし算と同様、ひき算も数の合成・分解の知識を式に結びつけてグルーピングし、整理する。

学習のすすめ方

【準備するもの】
◎「ひき算一覧表」（図 3-27）

【展開】

1.「ひき算一覧表」を提示する。

● 被減数が10以下のひき算45問を一覧にした「ひき算一覧表」を提示する。

2. 式をグルーピングする。

● 一覧表の中から、96ページの「たし算一覧表」の活動と同様に、86〜95ページの活動に対応させてグルーピングさせる。

● 計算グループごとに、計算式をフラッシュカードやプリントにして取り組む。

● スムーズに答えられないものは、それぞれの活動に戻って練習する。

Ⅲ　算数障害の学習指導法

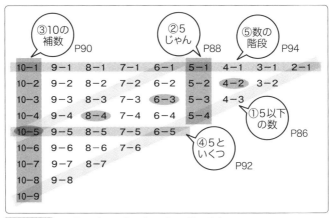

図 3-27　ひき算をグルーピングした「ひき算一覧表」

指導ポイント

　グルーピングできない式は9の「7・2」「6・3」の分解、8の「6・2」の分解、7の「4・3」の分解、6の「4・2」の分解となる。子どもは、ひき算の場合、「9－2」と「9－7」と2パターンがあり、「7・2」の分解と結びつくことが困難な場合がある。図3-28のように示して、分解をイメージさせるとよい。

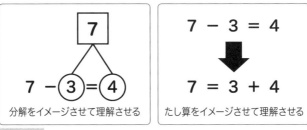

図 3-28

計算の練習

ねらい	ゲームを楽しみながら計算の練習を行い、習熟させる。
関連する単元	・合わせていくつ/増えるといくつ（1年） ・残りはいくつ/違いはいくつ（1年）

学習ポイント

●算数セットなどの計算カードを使って、「カルタ」や「ばばぬき」、「7ならべ」のようなゲームを行い、楽しみながら演習させる。

学習のすすめ方

【準備するもの】
◎表面に和が10以下のたし算の式（または被減数10以下のひき算の式）、裏面に答えの数字が書かれたカード45枚
＊トランプサイズ、算数セットの計算カードも使える
◎カードの表面に和が10以下のたし算の式（または被減数10以下のひき算の式）、裏面に答え無しのカード45枚
＊トランプサイズ
◎2～10の数字カード

Ⅲ　算数障害の学習指導法

【展開】
「カルタ」ゲーム

1. 45枚のカードの表（式の書いてある面）を上にして、机上にランダムに並べる。指導者が数字を言い、子どもはその数字が答えになる計算式の書かれたカードを取る。
2. 同じ答えの式が複数あるので、誰かが1枚取ったら次にいく、2枚取ったら次にいくなど、適宜ルールを設定する。
3. ルールに慣れてきたら、読み手を子どもに順番にやらせる。

指導ポイント👉

まだ素早く反応できない子どもには読み手をやらせることで、場にあるカードの答えを自分のペースで考えながら一緒に練習できる。

「ばばぬき」ゲーム

1. 45枚のカードを均等に子どもに配る。
2. 手持ちのカードの中から答えが同じになる計算式のカードをペアにして場に出す。
   ＊以降、トランプカードのルールと同じ。
   ＊最後は5枚のカードが余るので、全員の手持ちのカードの合計が5枚になったときにカードの枚数が少ない人から順に勝ちとなる。

「7ならべ」ゲーム

1. 45枚のカードを均等に子どもに配る。
2. 2〜10の数字カードを横一列に並べる。
3. 和が数字カードと同じになる式を順番に並べていく。
4. 被加数は1から順に並べていかなければならない。

くり上がりのたし算

ねらい	10進法と5・2進法の考え方のそれぞれのよさについて理解させる。
関連する単元	・10より大きい数（1年）・たし算（1年）

学習ポイント

- 10進法と5・2進法を用いたくり上がりのたし算の考え方を理解させる。
- 10進法での考え方をたし算かいじゅう"ジューゴン"、5・2進法での考え方をたし算かいじゅう"ゴゴドン"によってイメージをもたせる。

学習のすすめ方

【準備するもの】

◎ 図3-29にあるような掲示物、または、アニメーション付きプレゼンテーションソフト

【展開】

1. 10進法によるたし算の学習。

- 10進法のたし算の考え方『ジューゴンのおかたづけ』の解説をしてから、その考え方でたし算の問題に取り組ませる。

2. 5・2進法によるたし算の学習。

- 5・2進法のたし算の考え方『ゴゴドンのおかたづけ』の解説をし、その考え方でたし算の問題に取り組ませる。

Ⅲ　算数障害の学習指導法

●いろいろな式を見て、自分はどちらの方法がやりやすいか考えさせる。

図 3-29

くり下がりのひき算

ねらい	減加法と減減法の考え方のそれぞれのよさについて理解させる。
関連する単元	・10 より大きい数（1年）・ひき算（1年）

学習ポイント

- くり下がりのあるひき算を、「かいじゅうが食べる」「残りを考える」という場面とすることで直感的に数の操作の意味を理解させる。
- 減加法での考え方をひき算かいじゅう"イッキー"、減減法での考え方をひき算かいじゅう"モットン"によってイメージをもたせる。

学習のすすめ方

【準備するもの】

◎ 図 3-30 にあるような掲示物、または、アニメーション付きプレゼンテーションソフト

【展開】

1. 減加法によるひき算の学習。

- 減加法のひき算の考え方『ひき算かいじゅうイッキー』の解説をし、その考え方でひき算の問題に取り組ませる。

2. 5・2進法によるたし算の学習。

- 減減法のひき算の考え方『ひき算かいじゅうモットン』の

Ⅲ　算数障害の学習指導法

解説をし、その考え方でひき算の問題に取り組ませる。
● いろいろな式を見て、自分はどちらがやりやすいか考えさせる。

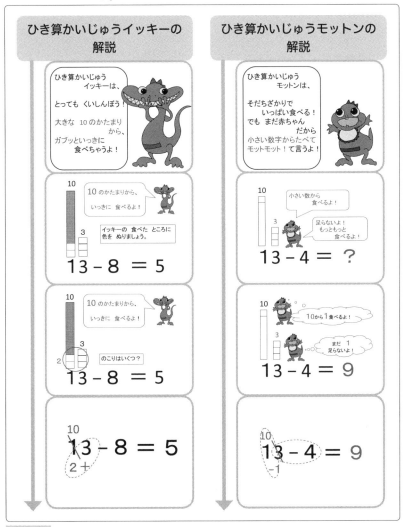

図3-30

小さい数の計算が苦手 Bさん

かけ算
～聞くことがとくいな子～

ねらい	九九を正確に唱え、かけ算ができるようになる。

関連する単元 ・かけ算（2年）

学習ポイント

● 九九を音で聞かせて覚えさせる。
● 上記ができるようになったら、意味を教える。

学習のすすめ方

【準備するもの】

◎ ひらがなで読み方が書いてあるかけ算の「計算式カード」（図 3-31）、「言語化カード」（図 3-32）、「人・物カード」、「単位カード」、「個数カード」（図 3-33）、「数字カード」。

【展開】

1. 1の段から九九を音で覚える。

● 九九の個々の式とその読み方が書いてある計算式カードに従って、1の段から音読し、覚える。
  ＊かけ算の意味を理解することから入らない。
● ひととおり終わったら、「いんいちが？」「いんにが？」と問題を出し、答えられるようにする。

```
いん　いちが　いち
1 × 1 = 1

いん　にがに
1 × 2 = 2

いん　さんがさん
1 × 3 = 3
```

図 3-31　計算式カード

Ⅲ　算数障害の学習指導法

●1の段が終わったら、2の段、3の段……の順番で同様に九九を覚えさせる。

2. 式の意味を理解する。

●「計算式カード」を見ながら、数字を「言語化カード」に当てはめて読ませる。
＊語呂や言語のパターン化などに注意する。

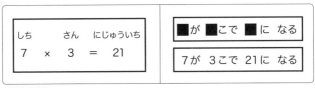

図3-32　計算式カード、言語化カード

3. 問題文づくりをする。

●「言語化カード」を見ながらお話をつくり、九九の意味的な理解を促す。
　「『7が　3こで　21に　なる』からお話をつくりましょう」

図3-33　人・物カード、単位カード、個数カード

●文章のパターンを理解させるため、図3-33のような言葉の選択肢を示し、いずれかを使って読ませる。
　「ともだちが7人ずつ3れつでせきにすわりました。ぜんぶでなん人になるでしょう？　21人」

かけ算
～見ることがとくいな子～

Bさん 小さい数の計算が苦手

> **ねらい** 九九を正確に唱え、かけ算ができるようになる。
>
> **関連する単元** ・かけ算（2年）

学習ポイント

- どのような計算式がどこにあるかという空間的な位置関係を手がかりに九九を覚えさせる。
- 複数の形式の九九表を示し、子どもが自分に合った九九表を選択できるようにする。

学習のすすめ方

【準備するもの】

◎九九表（図3-34）、かけ算カード（図3-35）、絵カード（図3-36）

【展開】

1. 九九表の特徴を探す。

- 九九表を見せて、「どんな数字がどういう位置にあるのか」などを尋ねながら、表の中の数字や式を当てさせる。

  *子どもから答えが返ってこない場合は、「上の列はどうなっている？」

```
1×1=1   2×1=2   ……   9×1=9
1×2=2   2×2=4   ……   9×2=18
1×3=3   2×3=6   ……   9×3=27
  ⋮       ⋮               ⋮
1×8=8   2×8=16  ……   9×8=72
1×9=9   2×9=18  ……   9×9=81
```

図3-34　九九表

Ⅲ 算数障害の学習指導法

「下の列はどうなっている？」など、空間の配置に注目させる。

2. 式の意味を理解する。

図3-35

- かけ算カード81枚をどうやって配置したら九九表ができるのか、九九表を見ながら、子どもにカードを並べさせる。

3. 絵カードを使って意味を知る。

- 教師は、あめなどのかかれた絵カードを並べる。子どもに、1袋が何個で何袋あるか、また全部でいくつかに注目させ、かけ算の意味を理解させる。「1袋にあめが5個あります」「それが4袋あります」「全部で20個になります。だから式は5×4＝20です」
- 九九表で式のある位置を確認させる。

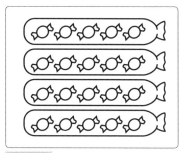

図3-36

たし算・ひき算の筆算

ねらい	100 までのたし算・ひき算の筆算ができるようになる。
関連する単元	・たし算の筆算（2年）・ひき算の筆算（2年）

学習ポイント

●たし算、ひき算のくり上がり・くり下がりや、どこに何を書けばよいのかが目で見てすぐにわかりやすいように、色やマークなどで示して補助をする。

学習のすすめ方

【準備するもの】

◎たし算用の計算フォーマット（**図 3-37**）

　＊場所によって書く内容を区別しやすいように、色やマークで示したフォーマットを作る。

◎やくそく表（**図 3-38**）

◎色ペン

【展開】

1. 計算フォーマットに数字を書く。

●計算式の数字をフォーマットに書き写させる。

例）36 + 27 =

III 算数障害の学習指導法

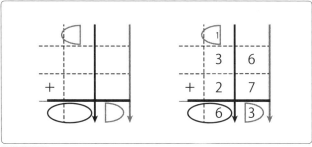

図 3-37 たし算用の計算フォーマット

2. 色やマークに従って計算する。

- ●「やくそく表」を見せながら、計算のしかたを説明する。「矢印の方向にたし算をしていきます。答えは横長のマルの中に書きます」
- ●「やくそく表」を見ながら、色やマークをヒントに計算を進めさせる。

	やくそく表	
1	↓	（青い矢印）
2	◯	（赤いまる）
3	↓	（黄色い矢印）
4	◯	（黒いまる）

図 3-38 やくそく表

3. 計算に慣れてきたら、ヒントを減らしながら計算の練習をする。

- ●色やマークによるヒントを、最後のほうから徐々に減らしていく。
  - ＊無理にすべてのヒントをなくす必要はない。
  - ＊暗算部分の計算ができない場合には、20玉そろばんを使用してよい。

かけ算の筆算
~見てわかる~

ねらい	色や記号を手がかりにできる「かけ算フォーマット」を使って計算を進める。
関連する単元	・かけ算の筆算（3年）

学習ポイント

●かけ算フォーマットに計算式を記入させ、筆算を行う。

学習のすすめ方

【準備するもの】

◎「かけ算フォーマット」（図 3-39）

＊記号の色を違えるとなおよい。

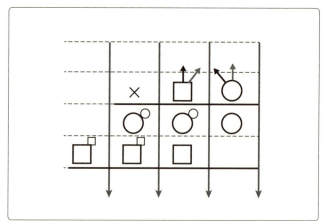

図 3-39　かけ算フォーマット

◎「やくそく表」（図 3-41）

Ⅲ　算数障害の学習指導法

【展開】
1. フォーマットに計算式の数字を記入させる。

例）36×27

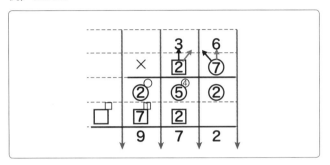

図3-40

2.「やくそく表」の記号の意味と計算の手順を説明する。

● 「この順番にやりましょう」と言って、「やくそく表」を見せる。
● 「やくそく表」を指さしながら、以下のように説明する。
「まず、○から始め、矢印に従って計算します。くり上がりは小さい○に入れます」
「次に、□から、矢印に従って計算します。くり上がりは、小さい□に入れます」
「最後に、計算したものをたして、下にかきます」

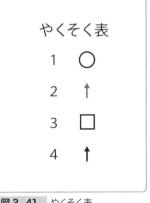

図3-41　やくそく表

3. フォーマットの記号にそって計算を進めさせる。

かけ算の筆算
～まとめて計算する～

> **ねらい** かけ算の筆算の手続きを簡略化した方法で計算することができる。
>
> **関連する単元** ・かけ算の筆算（3年）

■ 学習ポイント

●かけ算をすべて行ってから、たし算をするという2段階の方法で計算ができることを理解させる。

■ 学習のすすめ方

【準備するもの】

◎ななめ線の入った罫線プリント（図3-42）

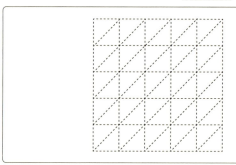

図3-42

【展開】

1. 式を書く。

●図3-43のように、計算式の数字と位数の分の四角を書く。

例）76 × 53

Ⅲ　算数障害の学習指導法

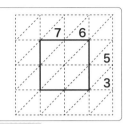
図3-43

2. それぞれの数が交わるマス目に九九の答えを書く。

● それぞれの位同士のかけ算の答えを（図3-44）のように、ななめ線の左側が10の位、右側が1の位になるように書く。

＊順序はどこから進めても問題はない。

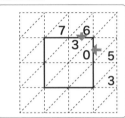
図3-44

3. ななめにたし算をする。

● すべてのかけ算が終えてから、図のようにななめ方向でたし算をする（図3-45）。
● くり上がりがある場合は、その数（ここでは［1］）をななめ線の左側に書く（図3-46）。

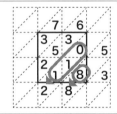
図3-45

4. 答えを求める。

● たし算したあとのそれぞれの数字［4028］が答えとなる（図3-47）。

指導ポイント

この方法は手続きを覚えることが苦手な子どもへの支援であり、「簡単にできる！」「不思議！」と意欲をもたせることに有効である。

しかし、かけ算の意味や位取りの意味が理解できていない子どもに使用するべきではない。

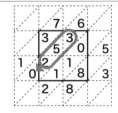
図3-46

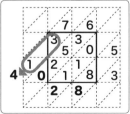
図3-47

115

わり算の筆算

Cくん

| ねらい | わり算の筆算の途中式の失敗をなくす。 |

関連する単元　・わり算の筆算 (4年)

学習ポイント

●商立ての検算のためのかけ算を頭の中でせず、横に書き出すように指導する。

学習のすすめ方

【準備するもの】

◎筆算をするスペースの右側に余白のあるノートやプリント、または計算用紙

【展開】

1. 筆算の式の隣に計算スペースをつくる。

●筆算の式を書いた右側に図のように縦線を引く（**図3-48**）。

$$19\overline{)532}$$

図3-48

Ⅲ　算数障害の学習指導法

2. 仮商の確かめのかけ算を計算スペースにする。

- ●仮商を立て確かめのためのかけ算の筆算を縦線の右側に書く（図3-49）。
- ●かけ算の答えが大きすぎたり、小さすぎたりしたときには、再びかけ算の乗数を変えて筆算する（図3-50）。

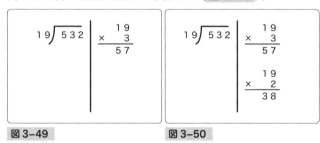

図3-49　　　　　図3-50

3. 商を立てて筆算を進める。

- ●ちょうどよいかけ算の答えが見つかれば、乗数を商に立て、わり算の計算を進める。

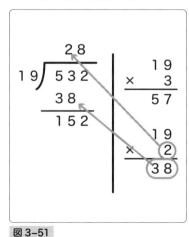

図3-51

指導ポイント

手続きが苦手な子どもであるため、計算の「手続き表」も準備しておくとよい。

空間認知が苦手な子どもには、125ページのやり方で行うほうがよい。

Dくん 空間の認知が苦手

たし算・ひき算の筆算

ねらい	100までのたし算・ひき算の筆算ができるようになる。
関連する単元	・たし算の筆算(2年) ・ひき算の筆算(2年)

学習ポイント

- 計算の手続きを言語化、文章化したものを表にして用いる。
- 20までの暗算ができない場合は、20玉そろばんを使用する。

学習のすすめ方

【準備するもの】
◎ 20玉そろばん（図3-53）
◎ 計算の手順表「けいさんのしかた」（図3-52）

【展開】

1. 計算を言語化して紙に書く。

- 計算式を言語化させる。
  例) 35 + 27 = 「サンジュウゴたすニジュウナナは」
- 式を紙に書かせる。
  ＊細かい作業が苦手な場合には、マス目のあるノートを使うとよい。

2. 計算の手続き表に従って計算する。

- 「けいさんのしかた」の表を見ながら、順に進めていく。

Ⅲ　算数障害の学習指導法

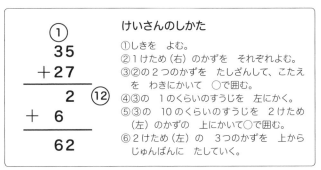

図 3-52 計算の手順表（たし算）

3. 計算が難しい場合には、20玉そろばんを操作して計算する。

● 20までの数の暗算ができない場合には、20玉そろばんを操作して答えを出すようにしてもよい。

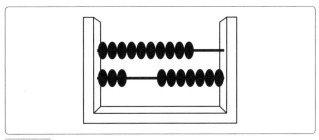

図 3-53

指導ポイント☞

　最終的には、そろばんを使わずにできるようになることを目指すが、具体的な物を操作することも大変重要である。

119

かけ算の筆算

> **ねらい** かけ算の筆算ができるようになる。
>
> **関連する単元** ・かけ算の筆算（3年～）

学習ポイント

● かけ算の手続きを示した手順表を見ながら、計算を進める。

学習のすすめ方

【準備するもの】

◎マス目のあるノート、計算の手順表「計算のしかた」（**図 3-55**）。

【展開】

1. かけ算の計算式をノートに書き写す。

● 計算式（筆算）をマス目のあるノートに書き写す。

2. 筆算を行う。

●「かけ算手順表」を見ながら、1つずつ手順を踏んで、ノートに記号を書き入れながら計算を進めさせる。

Ⅲ　算数障害の学習指導法

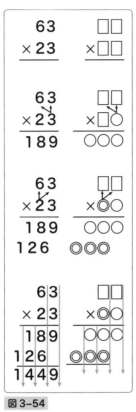

図 3-54

計算のしかた

①1の位の計算をする。
・下の数字の1の位の数字を○で囲む。
・○の数字から、上の数字2つに矢印をかく。
・上の1の位の数字から、矢印にそって計算する。
・答えを○の数字の下からかく。

②10の位の計算をする。
・下の数字の10の位の数字を◎で囲む。
・◎の数字から、上の数字2つに矢印をかく。
・上の1の位の数字から、矢印にそって計算する。
・答えを◎の数字の下からかく。

③かけ算の答えどうしをたす。
・1の位からまっすぐ下にたしていく。

図 3-55　計算の手順表（かけ算）

指導ポイント

　自分で記号を書きながら、どの数字とどの数字をかけるのかを意識させながら取り組ませる。
　ワーキングメモリが弱い子にもよい。

たし算の筆算

> **ねらい** 筆算の途中式での失敗をなくす。
>
> **関連する単元** ・たし算のひっ算（2年）

学習ポイント

- 位取りがそろうように縦横の線が入っているワークシートを活用する。
- くり上がりの数を書く場所「くり上がりボックス」がある筆算シートを活用する。

学習のすすめ方

【準備するもの】

◎罫線がかかれたプリント（図3-56）

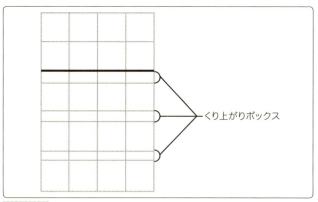

図3-56

Ⅲ　算数障害の学習指導法

【展開】

1. マス目に式を書く。

- 式を書く（図3-57）。
  例）253 + 389

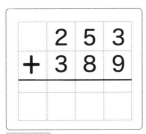

図3-57

2. くり上がりボックスを使いながら計算する。

- 1の位の[3 + 9]の答え[12]の、くり上がりの[1]を、くり上がりボックスに書く（図3-58）。

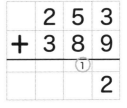

図3-58

- 10の位の計算[5 + 8]の答え[13]は、両方ともくり上がりボックスに書く（図3-59）。

- 100の位の[2 + 3]の答え[5]を、くり上がりボックスに書く（図3-60）。

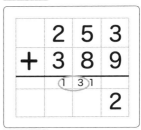

図3-59

- くり上がりボックスの中にある2つの数をたして、それぞれの位の数を求め、答えを書く（図3-60）。

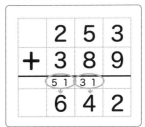

図3-60

空間の認知が苦手 Dくん

わり算の筆算

> **ねらい** わり算の筆算の途中式の失敗をなくす。
>
> **関連する単元** ・わり算の筆算（4年）

学習ポイント

●商立ての検算のためのかけ算を頭の中でせず、横に書き出すように指導する。

学習のすすめ方

【準備するもの】
◎マス目のある用紙

【展開】

1. 式を書く。

●上から4マス目にわられる数がくるように、筆算の式を書く（図3-61）。

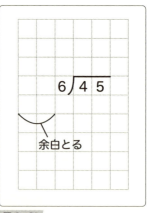

図3-61

Ⅲ 算数障害の学習指導法

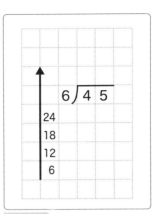

図 3-62

2. わる数の九九の答えを書く。

● わる数の九九の答えを順に書いていく（**図 3-62**）。

3. 仮商のための九九の答えを書く。

● 九九の答えがわられる数より大きくなったところで止め、×印をつける（**図 3-63**）。

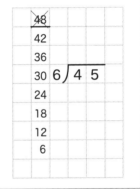

図 3-63

4. 適切な仮商を見つけて商立てする。

● わられる数より大きくなった1つ前の九九の答えが、下から何番目か数えて商を立て、計算を進める（**図 3-64**）。

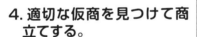

図 3-64

10までのたし算・ひき算

ねらい	10までの数のたし算とひき算ができる。
関連する単元	・10までの数（1年）・合わせていくつ/増えるといくつ（1年）・残りはいくつ/違いはいくつ（1年）

学習ポイント

- 5という目で見てわかりやすい単位を基本として、10までの数を2列のドット模様としてイメージ化させる。
- プレート（透明シートにシールを貼ったもの）を操作して、ドット模様を手がかりに計算の答えを導く。

学習のすすめ方

【準備するもの】

◎透明のシート、〇のシールと●のシールを各70枚

◎1～10の数のシート、たす数のシート、ひく数のシート（図3-65）

　＊透明のシートに〇のシールと●のシールを1～10枚貼り、黒枠で囲う。

◎数字カード（白い紙に、1～10の数字がそれぞれ書かれたカード）各1枚。

【展開】

1. 数に合わせてプレートを取るゲームをする。

- 教師が「いち」などと数詞を言ったり、数字カードを提示したりして、その数のプレートを手に取らせる。

Ⅲ 算数障害の学習指導法

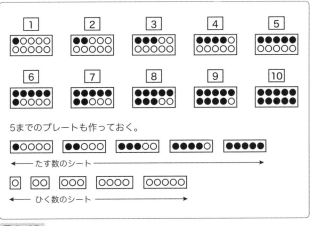

図 3-65

2. プレートを使ってたし算とひき算をする。

- たし算の場合、①（たされる数）に②（たす数）のプレートを重ねて、ドット模様から答えを導かせる。

図 3-66

- ひき算の場合、③（ひかれる数）に④（ひく数）のプレートを重ねて（ひく数は白くなる）、ドット模様から答えを導かせる。

図 3-67

くり上がり・くり下がり
～5を単位とした操作～

Eさん 序数性が理解できない

ねらい	20までの数のたし算、ひき算ができる。
関連する単元	・20までの数 ・たし算（1年）・ひき算（1年）

学習ポイント

● 視覚的に捉えやすい5を単位としたプレート（カード）を台紙の上に置くことで、数を表現させる。
● 台紙上でプレートを操作して、計算の答えを導く。

学習のすすめ方

【準備するもの】
◎ 計算カード
◎ 1列5枚のシールが2列貼れる台紙2枚
◎ 透明な用紙に●のシールを1～5枚貼ったプレート
◎ 黒い用紙に○のシールを1～5枚貼ったプレート（ひく数）

●●●●● （4枚）　●●●●●　●●●●　●●●○○　●○○○○　（各2枚）
●○○○○　●●○○○　●●●○○　●●●●○　（ひく数）

図 3-68

【展開】
1. 台紙にプレートを乗せていろいろな数を表わす。

図 3-69　7を表したもの

2. 数の分解をとおして、くり上がりのあるたし算をする。

- 計算カードを見て、たされる数のプレートを左の台紙に、たす数のプレートを右の台紙に置かせる。
- 5のプレートを左の台紙に、それ以外の数のプレートを右の台紙に移動して、10をつくらせる。

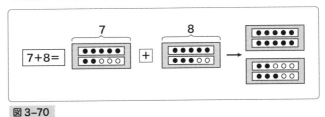

図3-70

3. 数の分解をとおして、くり下がりのあるひき算をする。

- 計算カードを見て、ひかれる数のプレートを左の台紙に、ひく数のプレートを右の台紙に置かせる。

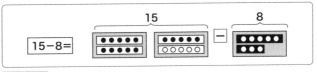

図3-71

- ひかれる数にひく数のプレートを重ねて、計算の答えを導かせる。

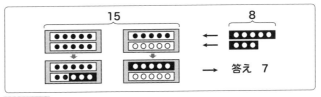

図3-72

序数性が理解できない Eさん

分数の意味
～分離量から学ぶ～

| ねらい | 等しく分けることと分数の表し方（何分の1）の対応が理解できる。 |

関連する単元 ・分数（2年）

学習ポイント

①1つを「分ける」ということを、複数を「同数に分ける」ということから解決する。
②1つの連続量を分ける前に、分離量と対応させておく。

学習のすすめ方

【準備するもの】
◎「なかよし分割表」（2人用 図3-73、3人用・4人用 図3-76）
◎おはじき12個とそれがぴったり並べられる細長い用紙（図3-74）

【展開】

1. 複数のものを、2人で同じようにわける。

- 2人で分けることを「$\frac{1}{2}$にする」ということを、言葉で伝える。
- 「なかよし分割表」（図3-73）におはじきを乗せて2人に分けさせる。
  ・おはじき2個を2人で分けると1人いくつになるか。
  ・おはじき4個を2人で分けると1人

A子	B子
○	○
○	○
○	○
○	○
○	○

図 3-73

いくつになるか。

・おはじき 8 個を 2 人で分けると 1 人いくつになるか。

・おはじき 10 個を 2 人で分けると 1 人いくつになるか。

●2 人とも同じ数のおはじきをもっていると、「なかよし分割表」の同じラインまでくることを理解させる。

2. 1 つのものを 2 人で等しく分ける

●細長い紙（図3-74）をロールケーキに見たて、「1 本のロールケーキを $\frac{1}{2}$ にするにはどうしたらよいか」と課題を出す。

●細長い紙に 12 個のおはじきをぴったりと 1 列に並べる。

●並べられたおはじきをいったんそこからはずし、「なかよし分割表」に交互に並べる。

図 3-74

●1 人あたり何個分になったか数えさせる。

●再度、2 人分のおはじきを細長い紙の上に並べて、1 人分のところに線を引く。

図 3-75

●線のところで細長い紙を切らせる（図3-75）。

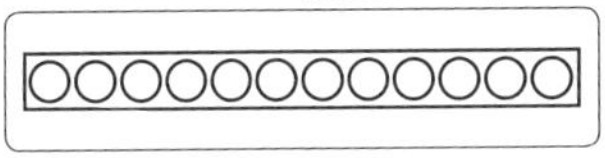

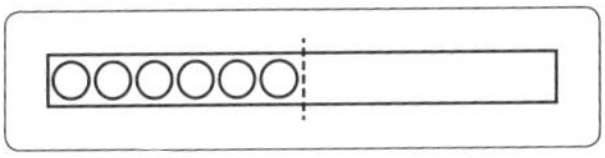

3. 2 と同様に、3 人、4 人でも分ける練習をする。

●3 人で分ける場合は図3-76左を、4 人で分ける場合は図3-76右を使い、等しく分けられるようにする。

●「3 人で同じに分けることを『$\frac{1}{3}$ にする』といいます」と、分数の意味を言葉で教える。

A 子	B 子	C 子

A 子	B 子	C 子	D 子

図 3-76

序数性が理解できない Eさん

小数の意味
～連続量から学ぶ～

ねらい 小数の表記とその意味を理解する。

関連する単元 ・小数（3年）

学習ポイント

- 大きな単位（10を1に分けるところ）から、さらに小さく分けて 0.1 という単位を使うということを理解させる。
- 水でも同じように行い、1L と 0.1L の関係を理解させる。

学習のすすめ方

【準備するもの】
◎1m のテープ（10cm ごとに点線があるもの 図 3-77）
◎10cm のテープ（1cm ごとに点線があるもの 図 3-78）
◎1L ビーカーと 1dL のビーカー

【展開】

1. 0.1m のテープをつないで 1m にする。

- 1m の長さのテープを点線で切ると 10 個になるように作ってあるものを見せて、1つ分を 1 と数える。

図 3-77

- 「ここに長いテープがあります。これを 10 個に分けましょう」と言って、はさみでテープを切らせる。それぞれに 1

Ⅲ 算数障害の学習指導法

という数字を書き込ませる。

- ●「それでは、この1のテープをまた10個に分けましょう」と言って、10cmの長さのテープに点線があるものを子

図 3-78

どもに渡し、それを切らせる。それぞれの小さく切ったテープに 0.1 という数字を書き込ませる。

- ●もとの1のテープと 0.1 のテープの両方を台紙に貼る。

図 3-79　並べて台紙に貼る

- ●小数のテープ 0.1 を10個並べると、全部で1になることを説明する。
- ●式を書かせる。

　　1 = 0.1 + 0.1 + 0.1 + 0.1 + 0.1 + 0.1 + 0.1 + 0.1 + 0.1 + 0.1

- ●小数のたし算をいくつか行い、小数でもたし算やひき算ができることを理解させる。

〔例〕

0.1 + 0.1 + 0.1 = はいくつになるか。 0.3 ですね。

1.0 − 0.1 − 0.1 = はいくつになるか。 0.8 ですね。

図 3-80

2. 1L ビーカーから 1dL ビーカーに水を注ぐ。

- ●143 ページと同様にビーカーを使い、1L ビーカーから 1dL ビーカーに水を移し、1L と 1dL の関係を理解させる。

10 までの数

ねらい	10 までの数の数詞・数字・具体物の対応関係がわかる。数の量的な感覚をイメージする。
関連する単元	・10 までの数（1 年）・10 より大きい数（1 年）

学習ポイント

●線の上にドットシールを貼り、それを数えさせることによって、連続量（線）を分離量（シール）として捉えさせる。

学習のすすめ方

【準備するもの】
◎ドットシール
◎長さの違う線分が複数あるワークシート（図 3-81）。
　＊各線分は、ドットシールがちょうど貼れる長さにしておく。

【展開】
1. 教師が線上にシールを貼るのを見る。

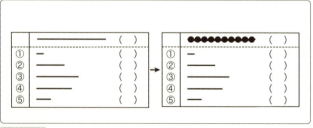

図 3-81

Ⅲ　算数障害の学習指導法

- ワークシートの一番上にある線に、「この線の上に何個のシールを貼れるかやってみるね」と言って、教師がシールを貼るのを見せる。
- 「10個貼れたね」と言って、線の横の（　）内に10と書く。

2. 1を見本にしながら、線の上にシールを貼る。

- 「次は自分で①〜⑤までやってみよう」と言う。

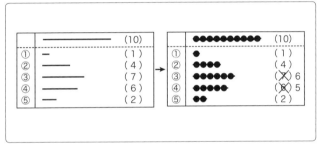

図3-82

- 「①は何個貼れるかなあ」と声をかけて注目させ、子どもが予想した数を（　）内に書かせる。
- 「それじゃあ、シールを貼ってみよう」と言って、シールを線の上に貼らせる。子どもが貼るときに、シール同士があまりに離れてしまう場合には、貼るのを補助する。

3. シールの数を数える。

- 自分が貼ったシールの数を数えさせる。
- 予測した数と違っている場合は、書き直させる。
- 線の組み合わせの異なるワークシートを使って、3〜4回くり返す。

基数性が理解できない
Fさん

10までのたし算・ひき算

ねらい	10までのたし算ができる。
関連する単元	・10までの数（1年）

学習ポイント

- 10玉そろばんを使い、数詞の単位である10を基本として玉を左右に移動し、計算をさせる。
- 声に出して数えたり、計算式を言語化させたりすることによって、10までのたし算、ひき算のイメージをつかませる。

学習のすすめ方

【準備するもの】
◎1～10までの各数字と10個の○がかかれたカード（図3-83）、計算カード
◎10玉そろばん

【展開】

1. 数に合わせて○を塗る。

- カードに、数字で示された分だけ、○を鉛筆で塗らせる。
- まずは、一次元（平面上）で数を表し、イメージする。

```
1 ●○○○○○○○○○
2 ●●○○○○○○○○      ：
3 ●●●○○○○○○○
                  10 ●●●●●●●●●●
```

図3-83

Ⅲ　算数障害の学習指導法

- 細かい作業が苦手で塗ることに時間がかかりすぎたり、きれいに塗れなかったりする場合は、○の大きさに合うドットシールを貼るなどしてもよい。

2. 数に合わせてそろばんの玉を操作する。

- 1のカードを使って1から順番に、1つずつ数詞を唱えながら10玉そろばんの玉を右から左に移動させる。

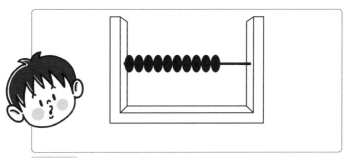

図3-84

- 次に、1から10までの数を無作為に言い、同様に玉を移動させる。

3. そろばんを使ってたし算・ひき算をする。

- たし算、ひき算の計算カードを声に出して読ませ、そろばんの玉を移動させる。

　例） 2＋1＝ カードを見せて、「たすは、左のほうに玉を送ります」と説明し、「1、2、たす、1」と言語化しながら玉を移動させる。

　例） 3－1＝ カードを見せて、「ひくは、右のほうに玉を送ります」と説明し、「1、2、3、ひく、1」と言語化しながら玉を移動させる。

くり上がり・くり下がり
～10を単位とした操作～

ねらい	20までのくり上がり・くり下がりのあるたし算、ひき算ができる。
関連する単元	・20までの数・たし算・ひき算（1年）

学習ポイント

- ブロックを左側に1枚ずつ移動させ、左側に10のかたまりをつくることにより、くり上がりの原理を理解させる。
- 計算の手順表に従って、段階的に数を分解し、くり上がりとくり下がりの答えを求めさせる。

学習のすすめ方

【準備するもの】
◎計算セットのブロック
◎計算の手順表「計算のしかた」（図3-87、図3-89）

【展開】
1. ブロックを使って、くり上がりのあるたし算をする。

- たされる数を左に、たす数を右におき、左側のブロックが10になるように、たす数のブロックを左側に1つずつ移動させ、全体の数を理解させる。

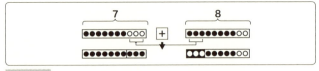

図3-85

Ⅲ 算数障害の学習指導法

2. 数の分解をとおして、くり上がりのあるたし算をする。

● 左側が10になるように、計算の手順表に従ってたす数を分解し、段階的に答えを求めさせる。

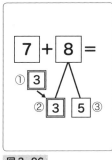

図 3-86

計算のしかた
1.「7」は、何をたすと「10」になるかな…①
2.①の数を②に書く
3.「8」は「②」と何に分かれるかな…③
4.「7」と「②」で「10」だね
5.「10」と「③」で答えは「15」だね

図 3-87　くり上がりのあるたし算

3. 数の分解をとおして、くり下がりのあるひき算をする。

● ひかれる数を「10と□」に分解し、ひく数を「□と（残りの数）」に分解し、「10－（残りの数）」によって答えを求めさせる。

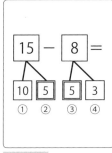

図 3-88

計算のしかた
1.「15」は、「10」と何になるかな…②（②の数を③に書く）
2.「8」は「③」と何になるのかな…④
3.「15－8」は、「②と③」が同じだから、「①－④」をすればいいね答えは「7」だね

図 3-89　くり下がりのあるひき算

分数の意味
～連続量から学ぶ～

Fさん　基数性が理解できない

ねらい	同じく分けることと分数の表し方（何分の1など）の対応が理解できる。

関連する単元　・分数（3年）

学習ポイント

● 1つのものを感覚的に同じように分けることから、分数の数字の意味理解をとおして、複数のものを正確に分けられるように方向づける。

学習のすすめ方

【準備するもの】
◎丸く切った折り紙（図3-90）
◎ $\frac{1}{2}$、$\frac{1}{4}$ などの分数がそれぞれ書かれた「分数カード」
◎リボン

【展開】

1. 1つのものを、2人で同じように分ける。

● 円型の紙をケーキに見たて、「1つのケーキを2人で分けるにはどうしたらよいか」と課題を出す。

● ケーキの型の折り紙を折ることによって、どう分けたらよいのか、判断させる。

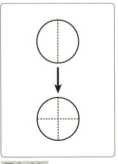

図3-90

Ⅲ　算数障害の学習指導法

●1つを2人で分けたら、1人分は$\frac{1}{2}$となることを「分数カード」を見せながら説明する。

$\boxed{\frac{1}{2}}$「2つに分けたうちの1つ分」と言う。

●「1つのケーキを4人で分けるにはどうするか」という課題を出す。

●折り紙を折ることで、4つに等分することを実際に行う。

●1つを4人で分けたら、1人分は$\frac{1}{4}$になることを説明する。

$\boxed{\frac{1}{4}}$「4つに分けたうちの1つ分」と言う。

2. 違う形のものを、複数で分ける。

●$\boxed{\frac{1}{\bigcirc}}$のいろいろな分数カードを提示し、リボンやほかのものを使って分けることに挑戦させる。

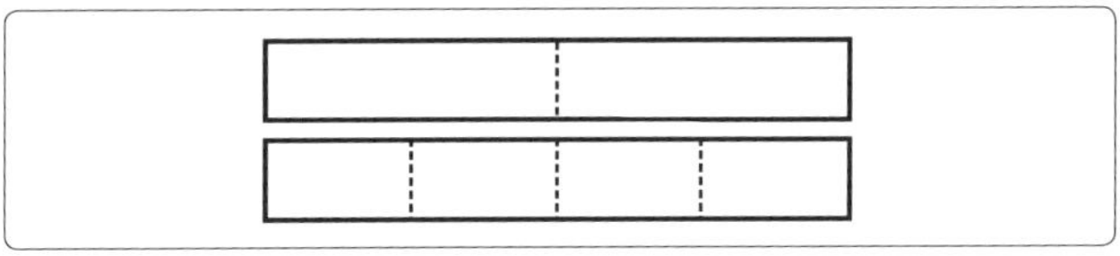

図3-91　リボン

基数性が理解できない Fさん

小数の意味
～分離量から学ぶ～

ねらい	小数の表記やその意味を理解する。

関連する単元　・小数（3年）

学習ポイント

- 0.1 が 10 個で 1 となることで、小数の大きさがどのくらいのものかを確認する。
- テープの次に、水でも同じように行うことによって、0.1 や 0.2 の関係を理解させる。

学習のすすめ方

【準備するもの】
◎ 0.1 と書かれた小数カード（図 3-92）、細長い台紙

【展開】
1. 0.1 のテープをつないで 1 にする。

- 小数カードを細長い台紙に貼って、「0.1 を 10 個つなげると 1 になります」と説明する。

```
0.1を10個つなげると 1 になります
0.1 0.1 0.1 0.1 0.1 0.1 0.1 0.1 0.1 0.1
```
図 3-92

- 同様の作業を子どもにもやるように指示する。
- 0.1 が 2 つ、0.1 が 3 つ……で 0.2、0.3……になることを、

Ⅲ 算数障害の学習指導法

言葉で説明する。

	1		
0.1	0.1	0.1	0.1

図 3-93

2. 1dL ビーカーから 1L ビーカーに水を注いだり、また分けたりする。

- テープだけでなく、水でも同じことをやってみる。
- 10 個の 1dL ビーカーにあらかじめ 0.1 と書いておき、それぞれ水を 1dL 入れておく。
- 1L ビーカーには 1 という数字を書いておき、さらに 10 個の目盛りを書いておく。
- 1L ビーカーに、1dL ビーカーから、1 つずつ水を入れさせて、1 杯入れたら 0.1 とわかるようにする。
- 0.1 が 2 つ、0.1 が 3 つ……で 0.2、0.3……になることを、言葉で説明する。
- このように順序立てた作業を行うことで、通常のたし算やひき算ができることを理解させる。

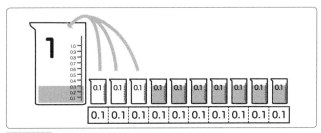

図 3-94

統合過程が苦手

Gくん

文章題
～場面に合う絵を選ぶ～

ねらい	文章題を読んで適切な立式ができるようにさせる。

関連する単元　・各単元の文章題

学習ポイント

● 自分で絵や図を描くことは難しい子どもに、複数のイラストを用意し、問題文にあった絵を選ばせる。

学習のすすめ方

【準備するもの】
◎付せん紙を数枚
◎文章題とその内容を表す絵カード

【展開】
●「1ふくろ5枚入りのクッキーがあります。4ふくろ買うと、クッキーは全部で何枚になりますか。」という文章題の文章を読ませる。
●「①1ふくろ5枚入りのクッキーがあります。②4ふくろ買うと、③クッキーは全部で何枚になりますか。」と、文章に数字を振って、それぞれ付せん紙に書き写させる。

① 1ふくろ 5枚入りの クッキーが あります。	② 4ふくろ 買うと、	③ クッキーは 全部で 何枚になり ますか。

図3-95

Ⅲ　算数障害の学習指導法

●それぞれの文章のカードに対応する絵カードを選ばせ、立式させる。

図3-96

統合過程が苦手
Gくん

文章題
～場面に合う絵を描く～

ねらい	文章題から計算式をつくり、3つの数の計算と文章題の関係を理解する。

関連する単元　・各単元の文章題

学習ポイント

- 文章題の大意をつかませる。
- 子どもの問題文の捉え方に合わせて式を立てさせる。

学習のすすめ方

【準備するもの】

◎文章題

【展開】

1. 文章題の場面を区切ってイメージさせ、絵に描かせる。

- 文章題を読み聞かせ、ちょうちょうの数が変化したことを確認させる。

　　ちょうちょうが6ぴきいました。3びきとんでいってしまいました。2ひきとんできました。ちょうちょうはなんびきになったでしょう。

T）はじめ、ちょうちょうは何匹いたかな？
C）6匹
T）そうだね。ここに書いてあるね（「ここ」と言いながら、文章題に下線を引く）。

Ⅲ　算数障害の学習指導法

T）では、はじめにいたちょうちょうの数を絵に描いてみよう。
T）次にちょうちょうはどうなったの？
C）とんでいった！
T）そうですね。ここに書いてあるね（下線を引く）。

図3-97

T）何匹とんでいったの？
C）3匹！
T）そうですね。ここに書いてあるね（下線を引く）。
T）とんでいったちょうちょうを絵に描いてみよう。

図3-98

＊描き方を指示してもよいが、子どもが自分で考えて描くことを待ってみる。
T）次は、どうなったの？
C）2匹とんできた！
T）絵に描いてみよう。

図3-99

2．半具体物で操作させる。

●会話しながらおはじきなどの半具体物を操作させ、場面をイメージできるようにする。

指導ポイント☞
　半具体物の操作が可能になれば、テープ図や線分図など、より抽象度を高めていく。

文章題
～式を言葉にして考える～

> **ねらい** 計算式を文章で表現し、3つの数の計算と文章題の関係を理解する。
>
> **関連する単元** ・各単元の文章題

学習ポイント

- 計算式を順序立てて計算する。
- 演算子を言語化し、計算式から文章をつくる。
- 文章から計算式まで逆にたどり、文章題が計算式で表され、答えが出ることを確認する。

学習のすすめ方

【準備するもの】

◎「手順表」（図3-101）、「ヒントカード」3種（「お話」、「たす」、「ひく」図3-103）、「言語化カード」（図3-104）

【展開】

1. 計算式を解く。

- 計算式をノートに書き写す。
  例）6＋3－7＝　　　5－4＋2＝
- 3つの数のうち、はじめの2つめまで下線を引かせる。下線部を計算した答えを下線の下に書かせる。
- 下線部の答えと3つめの数を計算させる。

```
6＋3－7＝        5－4＋2＝
 9－7＝          1＋2＝
```

図3-100

Ⅲ　算数障害の学習指導法

2. 演算子を言葉に直し、計算式を文章化する。

●次のような手順表によって、計算式を文章化させていく。

＊必要に応じて、さらに細かい手順にしてもよい。

手順表　〜お話をつくろう〜
①記号を、簡単な言葉で文章にしよう。
②「ヒントカード」を使ってお話の内容や言葉を考えよう。
③文章にしてノートに書こう。

図 3-101　手順表

図 3-102

「お話」ヒントカード
・みかんがありました。
・みかんを買いました。
・お金を持っていました。

「たす」ヒントカード
・増える
・買う
・加える

「ひく」ヒントカード
・減る
・使う
・なくなる

図 3-103　ヒントカードの例

手順表①…「6に3をたし、それから7をひく」
手順表②…「みかんが6個ありました。みかんを3個買いました。みかんが7個減りました。」
手順表③…「みかんのお話をします。みかんが6個ありました。みかんをまた3個買いました。それから7個食べました。残りはなん個でしょう。」

図 3-104　文語化カードの例

3. 文章を計算式に直す練習をする。

●つくった文章から、計算式をつくる。

6＋3－7＝

プランニング過程が苦手
Hくん

文章題
~関係図を見て考える~

> **ねらい**　文章題を読んで適切な立式ができるようにさせる。
>
> **関連する単元**　・各単元の文章題

学習ポイント

● 問題文を読んでも数量関係の全体像が理解できず、逆思考の問題などの複雑な文章題の立式が難しい子どもに、適切な関係図を選択させることで立式の支援をする。

学習のすすめ方

【準備するもの】
◎文章題をカードにしたもの（図3-105）
◎関係図（図3-107）

【展開】
1. 問題文のキーワードを見つけて、?のある立式をする。

---

① 公園に はじめに 何人かの子どもが遊んでいました。
② そこへ 3人やってきたので、
③ ぜんぶで 5人になりました。
④ はじめに公園には、何人の子どもがいましたか。

図3-105　文章題をカードにしたもの

III　算数障害の学習指導法

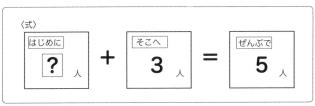

図3-106　?のある立式

2. ?＋3＝5に合った関係図を選ぶ。

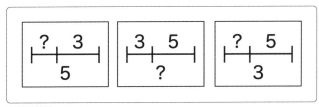

図3-107　関係図

3. 関係図を見て、?を求めるための立式をする。

　　（式）5－3＝2
　　（答え）2人

空間概念の発達を探る方法

　ピアジェが行ったように、まず四角の紙の2辺の中心に2つのシールを貼っておき、いくつかのシールを与えて、「2つをつないでみてごらん」という課題に取り組ませる。空間概念が十分に発達していない子どもは、全体の間隔に意識を向けられず、うまくいかない（図3-108）。

　子どもが目の前の空間をどのように捉えているかを調べるには、円の中に、連続的ではなく間隔をあけていくつかシールを貼る課題（見本を作ってそばにおき「このように作ってごらんなさい」と言う）をやらせるとわかりやすい（図3-109）。子どもが全体を意識できないと、シールはかたよってしまう。

　このような場合には、数の系列や数と数との相対的な距離関係を理解できるような空間概念がまだ十分に発達していないと考えられる。

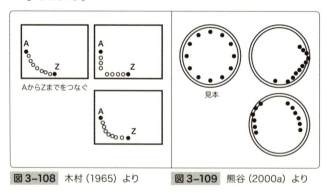

図3-108　木村（1965）より　　図3-109　熊谷（2000a）より

IV

測定・表とグラフ・図形の学習指導法

量と測定、図形の指導

　算数障害というと、数のシンボルを演算子という記号によって操作するという「計算」とそれを使った数的な「推論」が中心である。これらは、算数教科の中では「数と計算」、数学教科の中では「数と式」という領域になる。

　しかし、教科学習の中には、「量と測定」や「図形」という領域もある。本章は、このような指導をどうしたらよいのかという支援を紹介している（2000b）。

　量と測定の領域においては、1時間はどんな長さの時間か、10分間はどんな長さの時間か、3kg体重が減るとどうなるか、などの具体的に量を実感できることも大切である。それと同時に、単位の換算ができるようになることが必要である。1週間は7日間、1日は24時間、1Lは10dLということは、計算のところに出てきた8+7=15の（8,7,15）という3つの数の組み合わせと同様に、数的事実なのである。

　このような測定量については、1kmは歩くとどれくらい疲れるか、どれくらい時間がかかるか、などの具体的なイメージを伴うことが必要である。単位があるということは、現実場面との接点があるということであり、抽象化の程度からすれば、それほど高くはない。しかし、それは生きていくためにはとても重要なことである。

Ⅳ　測定・表とグラフ・図形の学習指導法

　図形領域においては、形を捉えて理解する場合には、視覚処理、視覚認知が重要である。成人の神経心理学では失認といい、失算という計算障害とは別の話になる。

　図の中で数量的な問題解決を行う場合には、図形の全体と部分の関係把握が重要である。三角形は、どのような方向から見ても三角形であるなど、その図形部分が紙から離れて頭の中でイメージできなければならない。その点から、やはりルリア理論の脳の第2ブロック（符号化）の「継次処理能力」「同時処理能力」という概念が必要である。同時処理能力が伴わないと、算数・数学の図形という領域は、困難が伴う。その場合に、同時処理能力ではなく継次処理能力を利用して指導することが問題解決の手がかりとなる。

長さを測る・線を引く
～言語的な手がかり～

ねらい	線の長さを測ったり、ものさしを使ってまっすぐな線を引く。
関連する単元	長さの単位（2年）

学習ポイント

- 1つひとつの作業をいくつかの段階に分ける。
- 言語的手がかりによって、作業を確認させる。

学習のすすめ方

【準備するもの】
◎複数の線分が書いてある紙、手順表（、図4-3）
◎ものさし、鉛筆

【展開】

1. 線の長さを測る。

- 手順表（図4-1）をすべて読み上げる。

> 線の長さを測るとき、どうしたらいいの？
>
> ①ものさしを線のすこし下に置く。
> ②線の左はしに、ものさしのはしを合わせる。
> ③線の右のはしのほうを見て、なんcmあるか、大きい目盛りのところに印をつける。
> ④あとなんmmあるか、印のところから小さい目盛りを読む。

図4-1　線の長さを測る手順表

Ⅳ 測定・表とグラフ・図形の学習指導法

●手順の中にある、②の「始点を合わせる」こと、③の「大きなめもり（cm）のところに印をつける」というポイントを、子どもが作業するときに自分で書き込むことが大切である（図4-2）。

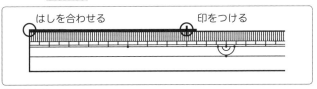

図4-2

●手順表を読み上げながら、そのとおりに1つひとつ作業をさせ、実際の線の長さを測らせる。

2. 2点の間に直線を引く。

●手順表（図4-3）をすべて読み上げる。

> 線を引くとき、どうしたらいいの？
>
> ①2つの点の少し下にものさしを合わせる。
> ②ものさしのまんなかを左手でしっかりと押さえる。
> ③えんぴつで、2つの点を結ぶ。

図4-3 線を引く手順表

●手順表を読み上げながら、そのとおりに1つひとつ作業をさせ実際に線を引かせる。

指導ポイント

言語理解の能力が高く、同時処理能力が低い子に対して有効である。

長さを測る・線を引く
～視覚的な手がかり～

ねらい	線の長さを測ったり、ものさしを使ってまっすぐな線を引く。
関連する単元	長さの単位（2年）

学習ポイント

●線の長さの測り方や線を引く手順が、視覚的にわかりやすく、完成のイメージをもてるように、図で示す。

学習のすすめ方

【準備するもの】
◎手順図（**図4-4**、**図4-5**）
◎ものさし、鉛筆

【展開】

1．線の長さを測る。

●線の長さを測るという手順について、手順図を見せて確認させる。

●手順図を作るときには、行程をあまり細かく分けず、3つくらいの絵（測る線、ものさしを当てている場面、目盛りを読む）で表現する。

●**図4-4**の読み方と最後の図は、cmの目盛りと数字を赤色で、mmの目盛りを黒で塗るなど、色分けする。

●子どもは、ものさしと手順図の色を合わせながら、○と□に数字を入れて読む。

Ⅳ 測定・表とグラフ・図形の学習指導法

- 手順図の中に、読み方も示し、その○と□は、ものさしと同様に色分けしておく。

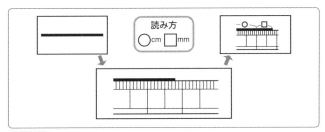

図 4-4 線の長さを測る手順図

2. 2点の間に線を引く。

- 2点の間に線を引く前と引くあとの状態について、手順図で確認させる。
- 手順図は、1と同様に、行程を細かく分けすぎないようにする。
- 子どもは、手順図のうち、線を引いている場面を見ながら、線を引く。

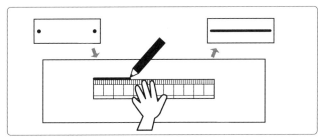

図 4-5 線を引く手順図

指導ポイント☛

言語理解能力や継次処理能力が弱い子に有効である。

かさの測定
～部分から全体へ～

ねらい	実際の水の量と L、dL、mL の関係を理解する。
関連する単元	水のかさの単位（2年）

学習ポイント

- 「1dL、2dL……」「100mL、200mL……」と声を出しながら、水を 1L パックに移す。
- 1dL（100mL）を 1 杯ずつ段階的に移し入れ、そのたびに目盛りを書き入れる。

学習のすすめ方

【準備するもの】
◎1L 容器、1dL パック 10 個程度
◎水、油性ペン

【展開】

1. 1L 容器に、水を 1dL パックで 10 杯入れる。

- 「この入れ物に入る水の量は 1dL といいます」と言って 1dL パックを見せる。
- 「この中に 1 杯ずつ入れたらどのくらいずつ増えるでしょう。何杯まで入るでしょう」と言って 1L 容器を見せる。
- 1dL パックで、1L 容器に水を 1 杯入れさせる。入れた水の水面のところに油性ペンで目盛りの線をつけさせ、そのすぐ横に「1dL」と書かせる。（図4-6）

Ⅳ　測定・表とグラフ・図形の学習指導法

- もう1杯1dLパックの水を1L容器に入れさせ、同様に、目盛りの線とその横に「2dL」と油性ペンで書かせる。
- これを10杯までくり返す。
- 今度は、その1L容器に入ったすべての水を捨てて、再度1dLパックで「1dL、2dL……」と言わせながら、目盛りを書いた1L容器に水を入れ直させて、復習させる。

2. 1L容器に、水を100mLパックで10杯入れる。

- 1と同じ容器とパックを使って、1000mLと100mLの関係を理解させる。
- 「このパック（1dLパック）に入る水の量は、100mLとも言います」と言って、100mLパックを見せる。
- 「今度は、100mLで、水が何杯入るかやってみましょう」と言い、1と同じように、1杯入れさせては、「100mL、200mL……」と一緒に言いながら入れ、目盛りを「dL」の目盛りの反対側に書かせる。
- 目盛りを書きながら10杯までくり返したら、すべての水を捨て、再度容器に入れ直させる。

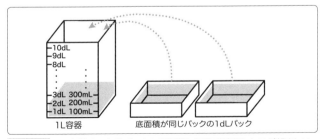

図4-6　1L容器は、牛乳パックの底面積と同じで透明なものが望ましい

指導ポイント

同時処理能力が弱い子に有効である。

かさの測定
～全体から部分へ～

ねらい	実際の水の量と L、dL、mL の関係を理解する。
関連する単元	水のかさの単位（2年）

学習ポイント

- 1L という固まりを 10 個に分けることによって、1L と 1dL の関係を知る。
- 1L 分と 1dL 分の粘土を実際に手でさわり、大きさや重さを体感する。

学習のすすめ方

【準備するもの】

◎1L 分の粘土、1L 容器（1L 入りの牛乳パックを 1L がちょうど入る高さに切り、1L と大きく書いたもの）1 個、1dL 容器（200mL 入りの牛乳パックを 100mL がちょうど入る高さに切り、1dL と大きく書いたもの）10 個

◎油性ペン

【展開】

1. 1L パックに入っている粘土を 10 個に分け、1dL パックに詰める。

- 1L パックに隙間なく粘土を詰めておく。
- 「これは 1L という量です」と説明し、1L パックに入っている粘土を取り出す。

Ⅳ　測定・表とグラフ・図形の学習指導法

- ●それを子どもに渡して、「どのくらい重いかな？」「どのくらいの大きさかな？」「どのくらいの高さかな？」などと言いながら、そばにあるものと比較するなどして、重さ、大きさ、高さを体感させる。
- ●「これを2つに分けてみよう」と言って、援助しながら等しく2個に分けさせる。
- ●「今度はそれぞれ5つずつに分けてみよう」と言って、援助しながら各粘土をだいたい等しく5個に分けさせる。
- ●1Lを10個に分けた粘土を、1dLパックに入れると、ぴったり収まることを確認させる。

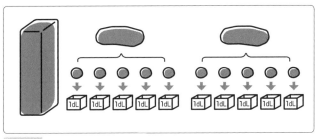

図4-7

2. 1000mLパックにある粘土を10個に分け、100mLパックに詰める。

- ●1と同様に、「1000mL」パックに隙間なく詰めてある粘土を「100mL」パックに詰め、ぴったり収まることを確認させる。

指導ポイント👉

継次処理能力が弱い子に有効である。

表とグラフを読む

| ねらい | 縦軸や横軸の関係を知り、表やグラフにかかれているものを読む。 |

関連する単元 ・表とグラフ（2年）・表と棒グラフ（3年）

学習ポイント

- 表やグラフを言語化したモデル文などに従って言語化し、口頭で唱えることにより、表やグラフの中に書かれている項目とデータの関係を理解しやすくする。
- 言語化した中から、目的に合った項目とデータを探す。

学習のすすめ方

【準備するもの】

◎クラスの調査をまとめた表とグラフ（図 4-8、図 4-10）、言語化したモデル文（図 4-9）

【展開】

1. 表から求められたデータを読む。

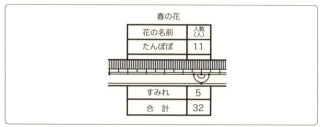

図 4-8

IV 測定・表とグラフ・図形の学習指導法

- ものさしなどを使って、上から順に1列ずつ表を見せる。
- 表の内容を、言語化したモデル文に当てはめ唱えさせる。

> **言語化したモデル文**
> (ひょうだい)の表では、こうもくのしゅるいは(＿＿)、数字は(＿＿)です。(1列目のこうもく)が(＿＿)人、(2列目のこうもく)が(＿＿)人、合計(＿＿)人となっています。

図 4-9

- モデル文に従うと、この表の場合、「(春の花)の表では、項目の種類は花の名前、数字は人数です。(たんぽぽ)が11人、(さくら)が13人、(なの花)が3人、(すみれ)が5人、合計が32人となっています」と言う。
- 目的のデータを読む、〔例〕「春の花と言って思い出すいちばん多い花は？」「13人のさくらです」。

2. グラフから求められたデータを読む

- グラフの左下の項目から、指を当てさせながら、棒のマス目を数えさせる。
- 「たんぽぽが11人」などと言語化させる。
- 棒のマス目が数えにくい場合は、シールを貼ると数えやすい。

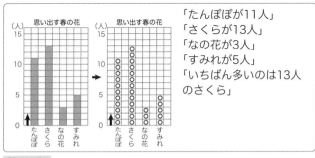

「たんぽぽが11人」
「さくらが13人」
「なの花が3人」
「すみれが5人」
「いちばん多いのは13人のさくら」

図 4-10

指導ポイント

視空間認知能力や同時処理能力が弱い子に有効である。

表とグラフをかく

ねらい 身近な題材に関してグラフと表にまとめる。

関連する単元 ・表とグラフ（2年）・表と棒グラフ（3年）

学習ポイント

- 子どもたちがそれぞれ、好きなお菓子の名前が書かれた箱に、ブロックを1つずつ入れることによって好きなお菓子の調査を行い、興味をもたせる。
- 集まったブロックを実際につなげ、視覚的に高さを比べさせる。高い・低いという図形的な特徴を抽出することで、グラフ作成のきっかけをつくる。

学習のすすめ方

【準備するもの】
◎ブロック（クラスの人数分、全部同じ大きさのもの）、ブロックを入れる箱4個、グラフ（用紙）、表（用紙 図4-13）、

【展開】
1. 調査をまとめる。

- 「おやつに食べたいお菓子」の名前が書かれた箱に、子どもそれぞれが自分のブロックを入れる。

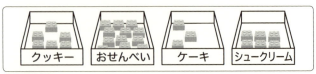

図4-11

Ⅳ　測定・表とグラフ・図形の学習指導法

2．グラフを作成する。

- ●箱の中のブロックをそれぞれつなげ、高さ比べをする。
- ●ブロックで作った棒を見ながら、「下をそろえたほうがいいよ」「全部1本に並べるとわかりやすいよ」など大切なことをあげてもらう。
- ●「ブロックの棒を描いてみよう」と言って、高さ比べの大切な視点を確認しながら、棒グラフの見本をかいてみせる。それを見ながら各自、ノートに棒グラフを描かせる。

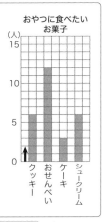

図4-12　グラフ

3．表を作成する。

- ●グラフの棒の高さを見て、各お菓子の数を書き出させる。
- ●子どもたちに見本として表をかいて見せ、各自にお菓子の名前と数を記入させる。
  - ＊難しい場合には、完成に近いところまで書きこんである表を用意し、空欄に数字などを書かせるようにする。

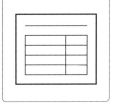

図4-13　表（用紙）

指導ポイント　

言語理解能力や継次処理能力が弱い子に有効である。

いろいろな形

ねらい	日常生活の中にさまざまにある形の中の、丸、三角、四角を知る。
関連する単元	・形であそぶ（1年）・箱の形（2年）・円と球（3年）・直方体と立方体（4年）・角柱と円柱（5年）

学習ポイント

- ●立体の形をしたものを、見る観点を順次伝え、どんなふうに見えたか発表し、言語化させる。
- ●ある一方向から焦点を当てたとき、その形の一面がどんな形をしているかをなぞって理解する。

学習のすすめ方

【準備するもの】

◎茶筒、ボール、サイコロ、太鼓、道具箱などの具体物

【展開】

1. いろいろな方向から形を眺める。

- ●日常生活の中にあるものをいろいろな方向から眺めさせる。
- ●「どんな形をしているかな？」（子どもの反応を待つ）
- ●「それでは、これを、上から、下から、横から、前から、後ろから、見てみよう。どんな形になっているかな」と言いながら、見る視点とその順番を提示し、それに従い順番に眺めさせ（**図4-14**）、その形を言語化させる。

Ⅳ　測定・表とグラフ・図形の学習指導法

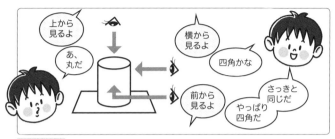

図4-14

●「それでは、今度は、上の形、下の形、横の形、前の形を紙に描いてみよう。さっき見た形は描くとどんなふうになるだろう」と言いながら、先ほどの順番に形をなぞらせていく（図4-15）。正確に描けない場合は手伝ってもよい。

図4-15

●自分たちが描いた形に、再度具体物を当て、たしかに形が一致していることを確かめさせる。

指導ポイント

視覚認知能力や同時処理能力が弱い子に有効である。

三角形・四角形
～定義（きまり）から形を見る～

ねらい　三角形と四角形の性質を理解する。

関連する単元　・形づくり（1年）・形を調べる（2年）

学習ポイント

- ●三角形、四角形の定義を言語化し、それに合わせてパーツ（ひご・粘土）を選び出す。
- ●パーツを組み立て、形の特徴を確認し、その後、たくさんの形を1つずつ分類させる。

学習のすすめ方

【準備するもの】

◎定義表（**図4-16**）

◎ひご、粘土（**図4-17**）、いろいろな大きさや形の三角形・四角形・そのほかの形、分類するための箱（**図4-18**）

【展開】

1. 三角形、四角形の定義を覚える。

●三角形は「3つの線からできています」、四角形は「4つの線からできています」と説明し、定義を書いて表現する。

三角形はどんな形をしているかな？	四角形はどんな形をしているかな？
・3つの線(辺)からできています。 ・3つの頂点もあります。	・4つの線(辺)からできています。 ・4つの頂点もあります。

図4-16　定義表

2. ひごと粘土で形を作る。

- ●定義に従って、三角形や四角形の部品であるひごと粘土を集めさせる。
- ●ひごと粘土で形を作り、定義を確認させる。

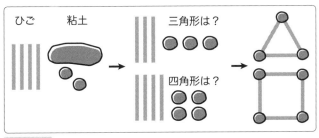

図 4-17

3. 定義表を見ながら、いろいろな図形を分類する。

- ●定義表を見ながら、図形を1つずつ箱から取り出させる。辺と頂点の数を図形を指でなぞりながら確認させ、三角形か四角形かそのほかの形かに分けさせる。

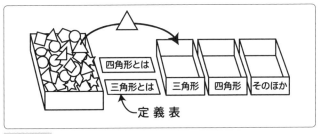

図 4-18

指導ポイント

視覚認知能力や視空間認知能力、同時処理能力が弱い子に有効である。

三角形・四角形
～形から定義（きまり）を見つける～

ねらい 三角形と四角形の性質を理解する。

関連する単元 ・形づくり（1年）・形を調べよう（2年）

学習ポイント

●言語化した定義を初めから与えるのではなく、形の分類作業をとおして全体的な形の特徴に気づかせる。

●形の全体的な特徴をつかめたら、パーツ（ひご・粘土）からその形を構成し、形の特徴を視覚的に確認する。

学習のすすめ方

［準備するもの］

◎ひご、粘土、いろいろな大きさや形の三角形・四角形、そのほかの形（円など）、分類するための箱

［展開］

1. すべての形を仲間同士で分類する。

●三角形、四角形、そのほかの形を、分類箱にかかれた絵をヒントに、分けて入れさせる。それが三角形、四角形、そのほかの形に分類されることを確認させる。

2. 分類した形の特徴について話し合う。

●分類した形にそれぞれどんな特徴があるか、子どもたちに話し合わせる。

Ⅳ 測定・表とグラフ・図形の学習指導法

●「三角形は、3つのへりがあるよ」「へりは、四角形は、4つだよ」「とがっているところの数が違うよ」「三角形は3つ、四角形は4つのかどがあるよ」

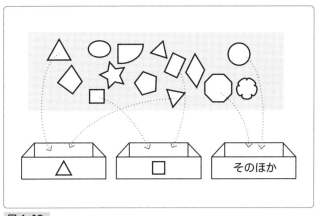

図 4-19

3. ひごと粘土で形を作る。

●三角形、四角形のそれぞれについて、ひご（線）と粘土（点）がいくつ必要か、考えて集めさせ、実際に作らせる。

●作った三角形と四角形のひごと粘土の数をそれぞれ確認させ、名前の意味を考えさせる。

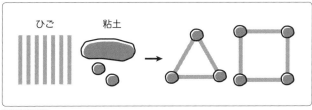

図 4-20

おわりに

　数というものは、私たちが社会で生きていくために必要不可欠で身近なものです。この身近なものを扱うのが算数・数学です。しかし、よく考えてみると、生物学は生物、化学は原子や分子、物理学は物体などが対象というように、ほかの学問の対象が具体的であるのに対し、算数・数学は数という概念的、抽象的なシンボルそのものを取り扱い、極めて難しい学問であることに気づかされます。つまり、身近であると同時に極めて抽象的で難しい学問なのです。

　子どもたちは高度な数学を習いますが、果たして日常生活を営んでいくためには、一体どのくらいのレベルが必要なのでしょう。必要最低限のことは、食べるものや洋服を買う、電車に乗るときに切符を買うなどの金銭感覚、目的地に着くまでの距離感覚や時間感覚などを理解し、それらを扱えるスキル（計算することや電卓を使える技術）をもち、人に伝えられることであると考えます。それには、小学校での算数学習という基本的なことができるようになることが大切です。

　しかし、最近では、就学前にすでに塾で紙と鉛筆でドットの数を数え、数字を書くことが目に映ります。数字を知っていても、また、大きな数の計算ができても、どれくらいの量なのか、全く結びつかない子どもを見かけます。それでよいのでしょうか。

　就学前に、遊びや生活経験のなかで、「アメを1つもらうよりも2つのほうがうれしかった」「積み木を3つ積むより5つ積んだほうが難しかった」「30まで数えるより100まで数えるほうが大変だった」など、自分が抱く感情と数との関係性を十分経験したうえで、就学後の教科学習を行うことが必要になると思います。このような視点をもちながら、算数の指導をしていただきたいと願っています。

2018年11月

筑波大学人間系　熊谷恵子

執筆者

熊谷恵子

　　4 〜 24,28,29,32 〜 37,40,41,44,45,48,49,52,53,56,57,60 〜
　　85,106 〜 111,118 〜 121,126 〜 143,146 〜 149,152 〜 174

山本ゆう

　　26,27,30,31,38,39,42,43,46,47,50,51,54,55,58,59,86 〜
　　105,112 〜 117,122 〜 125,144,145,150,151

文献

American psychological Association(APA)（2013）Diagnostic and Statistical Manual of Mental Disorders Fifth Edition (DSM-5).

Kagan, J. and Moss, H. A. (1962) Birth to Maturity.

木村充彦（1965）第Ⅱ章 子どもの空間概念.波多野完治編　ピアジェの認識科学,40-57.

熊谷恵子（1997）算数障害の概念：神経心理学および認知神経心理学的視点から.　特殊教育学研究,35(3), 51-61.

熊谷恵子（1999）算数障害の概念：法的定義、学習障害研究、医学的診断基準の視点から.　特殊教育学研究,37(3),97-106.

熊谷恵子（2000a）学習障害児の算数困難.多賀出版

熊谷恵子（2000b）認知処理様式を生かす算数の指導.藤田和弘監修,熊谷恵子・青山真二編著,小学校個別指導用 長所活用型指導で子どもが変わるPart2 －国語・算数・遊び・日常生活のつまずきの指導－.図書文化社.　60-105.

熊谷恵子（2007）学習障害児の数量概念の理解度を測定する手法についての基礎研究.　LD研究,16,3,312-322.

Lewis, A.B. and Mayer, R.E. (1987) Students' is comprehension of relation statements in arithmetic word problems Journal of Educational Psychology, 79, 262-371.

Luria, A. R. (1970) The functional organization of brain. Scientific American, 222, 66-78.

松井友子 (2009) 算数文章題解決の困難点と指導−−健常児の分析と高機能広汎性発達障害児の指導.　平成20年筑波大学大学院教育研究科カウンセリング専攻,修士論文.　未刊行.

McCloskey, M., Aliminosa, D., and Macaruso, P. (1991) Theory-based Assessment of Acuired Dyscalculia. Brain and Cognition, 44, 107-157.

Montague, M., Bos, C., and Doucette, M. (1991): Affective, cognitive, and meta-originative attributes of eighth-grade Mathematics problem solving learning disabilities research & Practice, 6, 145-151.

Riley, M. S. and Greeno, J. G., (1988) Developmental analisys of understanting language about quantities and solving problem. Cognition and Instruction, 5, 49-101.

多鹿秀次（1995）：高学年の文章題.　吉田甫・多賀秀次（編著）,認知心理学からみた数の理解,北大路書房,84-119.

著者プロフィール

熊谷恵子
筑波大学人間系教授。博士（教育学）。東京出身。九州大学理学部化学科卒業、理系の仕事を経て、筑波大学大学院修士課程教育研究科障害児教育専攻修了、筑波大学大学院博士課程心身障害学研究科単位取得退学、その後、筑波大学助手、講師、助教授、準教授を経て現職。言語聴覚士、臨床心理士、学校心理士スーパーバイザー、特別支援教育士スーパーバイザー。発達障害のある人の支援に関わる研究を専門としている。

山本ゆう
松本大学教育学部学校教育学科専任講師。筑波大学大学院人間総合科学研究科障害科学専攻博士後期課程在籍。修士（特別支援教育学）（筑波大学）、修士（教育学）（兵庫教育大学）。臨床発達心理士。小学校教員経験、医療機関や教育委員会での心理士としての職歴を経て、現在に至る。発達障害のある子どもの臨床に携わりながら研究を進めている。

通常学級で役立つ 算数障害の理解と指導法
みんなをつまずかせない！すぐに使える！アイディア48

2018年11月13日	第1刷発行
2024年11月25日	第10刷発行

著　　者	熊谷恵子・山本ゆう
発 行 人	川畑　勝
編 集 人	滝口勝弘
企画編集	東郷美和
編集協力	浅原孝子
デ ザ イ ン	藤崎知子（トライ スパイラル）
イ ラ ス ト	小林麻美
発 行 所	株式会社Gakken 〒141-8416　東京都品川区西五反田2-11-8
印刷・製本所	中央精版印刷株式会社

●この本に関する各種お問い合わせ先
　本の内容については、下記サイトのお問い合わせフォームよりお願いします。
　　https://www.corp-gakken.co.jp/contact/
　在庫については　Tel 03-6431-1250（販売部）
　不良品（落丁、乱丁）については　Tel 0570-000577
　　学研業務センター　〒354-0045　埼玉県入間郡三芳町上富279-1
　上記以外のお問い合わせ　Tel 0570-056-710（学研グループ総合案内）

ⓒKeiko Kumagai, Yu Yamamoto 2018 Printed in Japan
本書の無断転載、複製、複写（コピー）、翻訳を禁じます。
本書を代行業者等の第三者に依頼してスキャンやデジタル化することは、
たとえ個人や家庭内の利用であっても、著作権法上、認められておりません。

●複写（コピー）をご希望の場合は、下記までご連絡ください。
　日本複製権センター　https://jrrc.or.jp/
　　E-mail:jrrc_info@jrrc.or.jp
　Ⓡ〈日本複製権センター委託出版物〉

●学研グループの書籍・雑誌についての新刊情報・詳細情報は、下記をご覧ください。
　学研出版サイト　https://hon.gakken.jp/